Hanshan Deqing

Reise ins Traumland

Lehren und Gedichte des chinesischen Zen-Meisters

Mit einem Kommentar zum Herz-Sutra

Angkor Verlag

„Meine Besuche bei verschiedenen Chan-Meistern brachten nicht viel. Ich machte Pian Yong meine Aufwartung und bat ihn eindringlich, mir eine Chan-Praxis zu zeigen. Seine Antwort bestand darin, mich ausdruckslos anzustarren."

Bibliografische Information der Deutschen Bibliothek: Die Deutsche Bibliothek verzeichnet diese Publikation in der Deutschen Nationalbibliografie; detaillierte bibliografische Daten sind im Internet über http://dnb.ddb.de abrufbar.

Reise ins Traumland. Lehren und Gedichte des chinesischen Zen-Meisters. Mit einem Kommentar zum Herz-Sutra./Deqing, Hanshan. Deutsch von Guido Keller und Taro Yamada. – Frankfurt: Angkor Verlag 2017.

Lektorat: Susanne König
Website: www.angkor-verlag.de
Herstellung: Books on Demand GmbH, Norderstedt

ISBN: 978-3-943839-52-4

Inhalt

Vorwort

Hanshan Deqing (Familienname: Cai, 1546-1623) aus Quanjiao in Anhui gilt als einer der bedeutendsten Chan-Mönche der Ming-Dynastie (1368-1644), also einer Zeit von Regierungskrisen, Korruption und Unterdrückung. Er forcierte seine buddhistische Ausbildung bereits mit elf Jahren, nachdem sein Vater begonnen hatte, nach einer Frau für ihn zu suchen. Mit neunzehn wurde er ordiniert und war laut seiner Autobiographie einige Jahre recht von sich eingenommen. Etwa 1570 begann er ein Wanderleben und genoss bald die Unterstützung der Witwe des Kaisers. 1595 wurde er in einen Streit um die Wahl des rechtmäßigen Thronerben hineingezogen, inhaftiert, entrobt und als Soldat in die Provinz Guangdong entsandt. Doch seine zahlreichen Anhänger im Volk, unter Literaten und zu Hofe ermöglichten ihm schon bald eine Fortsetzung seiner Lehrtätigkeit. Viele Jahre widmete er dem Wiederaufbau des Tempelkomplexes bei Caoqi (in Qujiang, Guangdong), in dem einst der sechste Patriarch beheimatet und der zwischenzeitlich zu einem Fleischmarkt verkommen war. Dort soll sich noch heute Hanshans Mumie befinden.

Im Laufe seines Lebens kommentierte Hanshan zahlreiche Sutras, aber auch konfuzianische und taoistische Schriften, verfasste Gedichte und schrieb ausgiebig über seine Praxis und den Zustand des erleuchteten Geistes. Der Gesamtumfang seines Werkes dürfte achttausend Seiten überschreiten. Dabei nahm er Lehren des Huayen- und Reines-Land-Buddhismus auf. Unübersehbar ist Hanshans literarisches Talent. Seine Attraktivität für die Massen bestand auch in dem Geschick, mit dem er Zeremonien einsetzte, etwa zum Bekennen von Fehltritten *(moksha parishad)* oder zum Opfern vegetarischen Essens anstelle von Tieren *(ullambana)*.

Unter Hanshans zahlreichen Erweckungserfahrungen geschahen einige beim Hören oder Lesen etwa des Avatamsaka-Sturas (das er zu Ehren seiner Eltern mit eigenem Blut kopiert haben soll) oder des Satzes „Die Dinge bewegen sich nicht" von Sengchao. Daraufhin soll Hanshan beim Pinkeln tatsächlich den Eindruck gehabt haben, sein Urin würde nicht fließen, und auch als der Wind vor dem Fenster Blätter umhertrieb, sah er darin keine Bewegung. Er verfasste folgendes Gedicht:

Geburt und Tod, Tag und Nacht.
Fließendes Wasser, ruhender Teich.
Knospe und welkende Blume.
Kann ich den Punkt finden, an dem sie
sich von einem ins andere verwandeln?
Können meine Nasenlöcher nach oben zeigen?

Am folgenden Tag soll Hanshan auf seinen Freund und Mönchsbruder Miaofeng getroffen sein, der ihn fragte, ob etwas vorgefallen sei. Hanshan erwiderte: „Vergangene Nacht sah ich zwei Eisenochsen miteinander am Flussufer kämpfen. Sie fielen beide ins Wasser. Seitdem habe ich nichts mehr von ihnen gehört." Da beglückwünschte ihn Miaofeng.

In Hanshans Autobiografie, die zwar einige Wundergeschichten enthält, zeigt sich nicht zuletzt sein Humor, den er offenbar von seinen Eltern geerbt hat. Exemplarisch dafür sei eine Episode genannt. Nach langer Abwesenheit trifft er seine Mutter in seinem Heimatdorf wieder: „Am folgenden Tag besuchten wir die Gräber unserer Ahnen. Dort entdeckte ich eine passende Ruhestätte für meine Eltern. Mein Vater war achtzig Jahre alt, also witzelte ich: ‚Ich könnte ihn schon jetzt begraben, dann brauch ich später nicht mehr zurückzukommen.‘ Als ich so tat, als würde ich die Erde ausheben, und ein paar Mal mit einer Hacke draufschlug, riss mir meine Mutter diese aus den Händen und begann selbst zu harken: ‚Wo wir gerade dabei sind, kann ich auch gleich mein eigenes Grab schaufeln, dann muss ich niemanden mehr damit belästigen‘, sagte sie …“

Hausierer! Betrüger! Täuscher und Getäuschter! Das große Schild in deinen Armen ist so schwer, dass du nur daran denken kannst, wie du es weiter hochhalten wirst. Du hast noch nicht einmal bemerkt, dass deine Füße gefesselt sind.

Du hast dich um einen Augenblick der Klarheit bemüht, doch als du da warst, hast du deine Ankunft mit einem so großen Schild verkündet, dass du nicht mehr sehen konntest, was vor dir lag. Nur damit andere deine Reklame sehen können, hast du dir selbst den Blick versperrt. Die blanke Rückseite ist alles, was du erkennst. In ihrer Weiße sieht deine Fantasie tausend Dinge. Du malst dir ein Gebäude aus und meinst, in Richtung Deva-Palast zu laufen. Du siehst Blitze am wolkenlosen Himmel. Doch ob deine Augen offen oder geschlossen sind, du nimmst nur Illusionen wahr.

Lass dein Schild fallen! Du trägst eine faulende Kröte mit dir rum! Man kann Fischaugen nicht als Perlen verkaufen.

Dieses Schild ist wie ein *Cangue* (schwerer Holzkragen) um deinen Hals. Du stehst am Pranger und wirst nirgendwo hingehen, solange du dich nicht von dieser einengenden Fessel befreit hast.

Bist du einmal frei, kannst du einem guten Pfad folgen. Der Weg ist einfach, eben und ausgewogen. Halte dich nicht an Nebenschauplätzen auf, dann wirst du im Nu die Kaiserliche Stadt betreten.

Na los, beweg dich! Deine Beine werden dich schon tragen. Du musst nicht als Pferd, Kamel oder Esel wiedergeboren werden.

Wirf dieses schwere Schild weg! Es ist wie ein entfaltetes Segel, das dem Wind gehorcht. Du musst sonst alle Energie aufwenden, bloß um es zu kontrollieren.

Es ist ein riesiger Spiegel, der nur weltliche Dinge reflektiert. Lass ihn los und zerschmettere die große Erde, die Berge und die Flüsse! In einem Bruchstück wirst du die Reflektion deines Buddha-Selbst entdecken. Wenn du nochmal hinschaust, werden alle Teile dieses Selbst unendlich widerspiegeln. Suche das Unbegrenzte und wende dem Tor des Todes deinen Rücken zu!

Die Maximen von Hanshan

1

Wenn wir denen den Dharma predigen, die nur die illusorische Welt des Egos sehen, dann lehren wir vergeblich. Wir könnten genauso gut den Toten predigen.

Welche Narren diejenigen sind, die sich von dem abwenden, was wahrhaftig und von Dauer ist, und stattdessen den flüchtigen Formen der physischen Welt nachjagen, die bloß Reflektionen im Spiegel des Egos darstellen. Da sie sich nicht darum scheren, unter die Oberfläche zu schauen, sind diese verwirrten Wesen damit zufrieden, nach Abbildern zu haschen. Sie glauben, dass die sich stets im Fluss befindliche Energie der materiellen Welt in permanente Formen verwandelt werden kann und dass sie diesen Namen und Wert beimessen und danach – wie große Fürsten – Herrschaft über sie ausüben können.

Materielle Dinge sind wie tote Dinge, und das Ego kann sie nicht beleben. So wie ein großer Fürst durch sein eigentliches Selbstverständnis an sein Königreich gebunden ist, so herrscht das Ego, das sich an materielle Objekte anhaftet, über das Reich der Toten. Der Dharma ist jedoch für die Lebenden. Das Fortwährende kann nicht im Flüchtigen verweilen. Wahre und andauernde Freude kann nicht in der Welt wechselnder Illusionen des Egos gefunden werden. Niemand kann das Wasser einer Fata Morgana trinken.

2

Es gibt auch diejenigen, die Erleuchtung für sich beanspruchen und darauf beharren, die nicht-substantielle Natur der Wirklichkeit verstanden zu haben. Sie prahlen damit, die Krankheit des Materialismus könne sie nicht infizieren, und sie versuchen ihre Immunität dadurch zu beweisen, dass sie sorgfältig alle irdischen Freuden meiden. Doch auch sie befinden sich im Dunkeln.

3

Auch diejenigen befinden sich nicht im Recht, die sich ganz darin ergehen, den Betrug jedes Sinnesobjektes, dem sie begegnen, offenzulegen. Es stimmt, die Wahrnehmung materieller Objekte lässt wilde Begierden im Herzen entstehen. Es stimmt auch, dass diese wilden Begierden auf furchtsame Gedanken reduziert werden, wenn erst einmal verstanden ist, wie wertlos tatsächlich solche offensichtlichen Objekte sind. Wir sollten jedoch unsere spirituelle Praxis nicht darauf beschränken, Illusionen zu zerstreuen. Der Dharma hält mehr bereit als ein Verständnis der Natur von Wirklichkeit.

4

Welches ist der beste Weg, unser Anhaften an materielle Dinge zu beenden?

Zuerst brauchen wir ein scharfes Schwert, ein Schwert der Unterscheidung, eines, das den Anschein durchtrennt, um das Wirkliche freizulegen. Wir stellen zunächst fest, wie schnell wir von materiellen Dingen unbefriedigt sind und auch unsere Sinnesvergnügen in Missbehagen umschlagen. Mit anhaltender Achtsamkeit schleifen und schärfen wir das Schwert. Schon bald finden wir heraus, dass wir es nur noch selten anwenden müssen. Wir haben alte Begierden niedergestreckt, und neue wagen es nicht, vor uns aufzutauchen.

5

Wahre Dharma-Suchende, die im Leben stehen, nutzen ihre alltäglichen Handlungen als Schleifwerkzeug. Äußerlich mögen sie sehr geschäftig erscheinen, wie ein Feuerstein, der auf Stahl trifft und überall Funken erzeugt. Doch innerlich wachsen sie still heran. Obwohl sie hart arbeiten mögen, tun sie dies um der Arbeit willen und nicht wegen eines möglichen Gewinns. Sie hängen nicht an den Ergebnissen ihrer Arbeit und überschreiten das Hektische, um die essentielle Gelassenheit des Weges zu erlangen. Funkelt nicht auch ein wilder und tosender Fluss wie Feuersteine und glättet doch jeden Stein auf seinem Weg bis zur Sanftheit?

6

In der illusorischen Welt des Egos sind alle Dinge im Fluss. Doch kontinuierlicher Wandel bedeutet konstantes Chaos. Wenn das Ego sich selbst als Zentrum solch wirbelnder Aktivität sieht, kann es keine kosmische Harmonie erfahren.

Was das Ego zum Beispiel als zerstörerischen Wirbelsturm ansieht, ist aus der Sicht des Universums ein völlig natürliches Ereignis, ein Glied in der endlosen Kette von Ursache und Wirkung. Das Universum, das kein Ego hat, führt seine Existenz fort, ohne Urteile über Land- oder Meeresstürme zu fällen.

Wenn wir unseres Egos ledig sind, können auch wir ruhig die verschiedensten Ereignisse des Lebens akzeptieren. Hören wir auf, wertende Urteile – wie freundlich oder harsch, schön oder hässlich, gut oder böse – zu fällen, und eine friedvolle Stille wird unseren Geist durchdringen. Gibt es kein Ego, dann auch keine Aufregung.

7

Unser Geist und unser Körper sind von Natur aus rein, doch wir beschmutzen sie mit abwegigen Gedanken und Taten. Um uns wieder in unsere natürliche Reinheit zu versetzen, müssen wir den angesammelten Schmutz beseitigen. Wie ist bei diesem Reinigungsprozess vorzugehen? Errichten wir eine Grenze zwischen uns und etwaigen Gelegenheiten für unsere Unsitten? Entziehen wir uns den Orten der Versuchung?

Nein! Wir können keinen Sieg beanspruchen, wenn wir die Schlacht vermeiden. Der Feind liegt nicht in den Umständen, sondern in uns selbst. Wir müssen uns mit uns selbst konfrontieren und unsere menschliche Schwäche verstehen. Mit einem ehrlichen Blick auf uns selbst, auf unsere Beziehungen und unseren Besitz müssen wir uns fragen, was all unsere Selbstgefälligkeit uns gebracht hat. Gewiss keine Zufriedenheit.

Wenn wir ganz ehrlich sind, werden wir zugeben, dass unser eigener närrischer Egoismus uns beschmutzt hat. Dieses Eingeständnis ist schmerzhaft. Wenn wir Eis schmelzen wollen, müssen wir freilich Hitze anwenden – je heißer das Feuer, umso schneller schmilzt das Eis. So ist es auch mit der Weisheit: Je intensiver wir uns selbst prüfen, desto zügiger werden wir Weisheit erlangen. Wenn unsere Weisheit anwächst, lassen wir unser egoistisches Selbst klein werden. Dann ist die Schlacht vorbei.

8

Es gibt Zeiten, wo wir mit unerschütterlichem Glauben an den Dharma handeln, obwohl wir die Situation, in der wir uns befinden, nicht verstehen. Zu anderen Zeiten verstehen wir die Situation, fürchten uns jedoch davor, gänzlich dem Dharma zu vertrauen.

In einem Moment zeigen wir Herz, in einem anderen Geist. Wir müssen beide zusammenbringen, Verständnis und Vertrauen.

9

Mit einem kleinen Angelpunkt kann ein Hebel Tonnen an Gewicht bewegen. Mit einem gierigen Gedanken können Jahre an Integrität verdorben werden. Ein gieriger Gedanke ist der Samen von Furcht und Verwirrung. Er wird wild wachsen. Der materielle Gewinn, den eine gierige Tat einbringt, ist nur gering. Ohne Gier zu handeln und so materiellen Gewinn einzubüßen, ist darum nur ein geringer Verlust. Doch die eigene Integrität zu verlieren, das ist ein riesiger Verlust. Der Erwachte steht staunend vor dem Angelpunkt.

10

Wonach streben die Menschen? Nach Geld, Ruhm, erfolgreichen Beziehungen oder – nach dem Dharma. Man kann reich werden, aber von seiner Familie nur Hass erfahren. Man kann von allen geliebt werden, ohne eine Münze in der Tasche zu haben. Oder man wird von seinen Landsleuten als Held angesehen, hat aber weder eine liebende Familie noch materielle Unterstützung. Üblicherweise wird so viel Energie in ein Ziel gesteckt, dass andere nicht erreicht werden können. Doch wie steht es mit dem, der den Dharma erlangen will? Wenn er erfolgreich ist, dann hat er mit diesem einen Ziel weit mehr erreicht als die anderen drei Genannten zusammen. Wer den Dharma hat, dem mangelt es an nichts.

11

Bringe einen Fisch an Land, und er wird sich bis zum Tod an den Ozean erinnern. Sperre einen Vogel in den Käfig, und er wird den Himmel nicht vergessen. Jeder hat nach seiner wahren Heimat Sehnsucht, dem Ort, an dem er seiner Natur gemäß sein sollte.

Der Mensch wird im Stadium der Unschuld geboren. Seine ursprüngliche Natur ist voller Zuneigung, Anmut und Reinheit. Doch er wandert ganz beiläufig aus, ohne einen Gedanken an seine alte Heimat zu verschwenden. Ist er dann nicht ärmer dran als Fische und Vögel?

12

Wer dem Geld hinterherjagt, ist stets ein Getriebener, hat immer dringende Angelegenheiten. Wer dem Dharma hinterherjagt, geht langsam und leicht. Findest du das langweilig? Vielleicht ist es wirklich öde, anzuhalten, um den Duft einer Blume zu riechen oder einem Vogelgesang zu lauschen. Vielleicht ist das Glitzern von Gold tatsächlich überwältigender als der Anblick des eigenen Ursprünglichen Gesichtes. Was wir brauchen, ist wohl eine bessere Definition von dem, was ein wahrer Schatz ist.

13

Die Stimmung des Herzens sollte stets klar, heiter und gelassen sein. Nur wenn sich Wolken von Lust und Anhaften formen, sollte sich diese Stimmung ändern, denn diese bringen stets Stürme von Sorgen und Wirren mit sich.

14

Ein einziger Fleck im Auge lässt die gute Sicht verschwimmen, oder wir sehen die Dinge doppelt und dreifach. Ein einziger schmutziger Gedanke bringt den Verstand durcheinander. Viele Fehlurteile können daraus entstehen. Entfernt diesen Fleck und seht klar! Entfernt diesen schmutzigen Gedanken und denkt klar!

15

Große Errungenschaften bestehen aus kleinen Details. Wem es gelingt, das Ganze zu erlangen, der hat sich sorgsam um jeden kleinsten Bestandteil gekümmert. Wer daran scheitert, hat auf die leichte Schulter genommen oder missachtet, was ihm unbedeutend erschien. Ein Erwachter übersieht nichts.

16

Warum genießen bestimmte materielle Gegenstände ein solches Ansehen? Ein Edelstein ist eigentlich wertlos und eine vergoldete Schwertscheide nicht besser als eine schmucklose.

Der Mensch beschließt, dass Gold wertvoll sei, weil es selten, haltbar und glänzend ist. Dann meint er, wenn er Gold besäße, würde er selbst selten und einzigartig, sein individueller Wert würde andauern und man hielte ihn für einen glänzenden Kerl. Von solchen Ideen kann einer so besessen sein, dass er beim Versuch, Gold zu erlangen, das Leben zerstört, das er verzieren will.

In der Dunkelheit der Täuschung glauben die Unerwachten, dass sie sich selbst verherrlichen können, indem sie die Eigenschaften widerspiegeln, die sie ihren Besitztümern zuschrieben. Wer jedoch ein erleuchtetes Leben führt, kann sogleich erkennen, dass die Eigenschaften eines Objektes nicht auf seinen Besitzer übertragbar sind. Einem solchen wird auch ein Haufen Schätze auf dem Weg nicht die rechte Sicht versperren, er wird durch sie hindurchsehen. Gold in der Tasche macht noch keinen goldenen Charakter.

17

Schaut euch Leute an, die Tiger als Haustiere halten. Selbst wenn sie mit ihnen spielen und sich amüsieren, haben sie die Furcht im Hinterkopf, ihr Haustier könne sie plötzlich angreifen; sie vergessen nie, wie gefährlich Tiger sind.

Doch wie steht es mit den Leuten, die nach Besitz gieren und sich an einer Anschaffung nach der anderen erquicken? Sie sind sich keinerlei Gefahr bewusst.

Ein Tiger kann freilich nur das Fleisch eines Menschen fressen. Gier verzehrt seinen Geist.

18

Es ist leichter, das Richtige zu tun, wenn wir wissen, was das Richtige ist. Wir können uns nicht allein auf unseren Instinkt verlassen, wir brauchen Anleitung.

Sobald man uns den Weg gezeigt hat und wir beginnen, ihn zu erklimmen, erleben wir, dass wir mit jedem Schritt an Weisheit und innerer Stärke zunehmen. Senken wir den Blick, erkennen wir, wie viele alte Begierden tot zu Boden gefallen sind. Dort sehen sie so kraftlos aus, dass wir uns fragen, wie es uns je an dem Mut mangeln konnte, ihnen zu widerstehen.

Der Berg der Weisheit ist von anderen Bergen verschieden: Je höher wir klettern, desto stärker werden wir.

19

Die Menschen suchen stets nach einem leichten Weg. Der schwierige, den man durch problematische Erfahrungen und schmerzhafte Erkenntnisse gewinnt, interessiert sie nicht. Stattdessen suchen sie nach einer Abkürzung. Wahre Dharma-Sucher fürchten Abkürzungen. Sie wissen es besser. Sie wissen, dass es ohne Anstrengung kein Vollenden gibt. Das treibt sie an.

Wer die Schwierigkeiten beim Aufstieg nicht schätzt, dem mangelt es an Verständnis dessen, wo er war, am Bewusstsein dessen, wer er ist, und an der Entschlusskraft, weiter zu klettern. Darum erlangt so einer niemals den Dharma.

20

Was sind die zwei gewöhnlichsten Ziele von Menschen in dieser Welt? Reichtum und Ruhm. Um sie zu erlangen, sind die Menschen bereit, alles zu verlieren, sogar die Gesundheit ihres Körpers und Geistes. Doch das ist kein guter Tausch. Weltlicher Reichtum und Ruhm schwinden so schnell, dass wir uns fragen sollten, was länger währt: das Geld, der Ruhm oder der Mensch?

Doch bedenke das Ziel: die Erleuchtung, den Reichtum des Dharma zu erlangen. Wem dies gelingt, der wird kräftig, geistreich und gelassen, bis in die Ewigkeit.

21

Es gibt Menschen, die zwar nichts erreicht haben, sich aber verschwören, um große Ehren und hohe Ämter zu erlangen, die sie mit Macht ausstatten. Solche Menschen von hohem Rang, die ihn sich nicht verdient haben, sind wie wurzellose Bäume. Sie leben in Furcht, dass schon eine schwache Brise sie zu Fall bringen könnte.

Unverdiente Ehre ist das Vorwort für Schmach.

22

Die Reichen werden bewundert, weil sie Geld zur Seite gebracht haben. Doch was man angespart hat, kann man ausgeben. Die Bewunderung schwindet mit dem Geld. Ein König erfährt Loyalität, weil ihn sein Volk als edel ansieht. Wenn das Volk entscheidet, dass er Schlechtes tut, kann er mehr als seinen Thron verlieren. Wer reich an Dharma und edel auf Buddhas Weg ist, dem bleibt sowohl sein Reichtum als auch die Treue der Menschen.

23

Wenn einer seine Verbrechen erfolgreich verbirgt, kann er sich nicht als ehrenhaft ansehen. Er weiß, dass er etwas falsch gemacht hat. Wenn einer ständig angibt, kann er nicht behaupten, er sei berühmt, selbst wenn sein Name überall erwähnt wird. Imitieren Mönche das Verhalten heiliger Menschen, mögen sie Verehrung erfahren, doch ein frommes Gehabe macht noch keinen Heiligen. Was sind wahre Ehre, wahre Anerkennung und wahre Frömmigkeit? Es sind innere Qualitäten, keine oberflächlichen Handlungen oder Äußerlichkeiten. Ist eines Menschen Gewissen frei von Befleckung, dann ist er ehrenhaft. Wenn ihm ein Ruf der Integrität vorauseilt, ist er berühmt. Entströmen Bescheidenheit und Verehrung für den Dharma auf natürliche Weise seinem Charakter, dann ist er angesehen.

24

Wenn Menschen schon nicht den Forderungen ihrer Väter und Herrscher entgehen können, was können sie dann tun, wenn der Tod ihnen einen Befehl erteilt? Sie protestieren bitterlich und schreien gen Himmel, doch sie müssen gehorchen. Derjenige, der am lautesten heult, denkt, er hätte gerade den Gipfel weltlichen Erfolges erreicht.

Der Erleuchtete versteht Leben und Tod. Er lebt wohl und beschwert sich nicht.

25

Die Menschen denken, wenn sie weltliches Wissen besäßen, wüssten sie alles. Doch das stimmt nicht. Selbst wenn man einige Themen meistert, ist noch Raum für Irrtum. Wenn sogar die besten Bogenschützen zuweilen ihr Ziel verfehlen, wie steht es dann erst mit den mittelmäßigen? Kennen wir den Dharma, haben wir alle Informationen, die wir brauchen. Egal, welche Fakten wir dann noch kennenlernen, unsere Schatzkammer des Wissens ist – obgleich weit und tief – bereits gefüllt.

26

Alles im Universum unterliegt dem Wandel. Es gibt nur eine Ausnahme: Auf Leben folgt immer Tod. Ist es nicht seltsam, dass die Menschen das nicht zu bemerken scheinen und ihr Leben führen, als dauere es ewig und als müsse man sich wegen des Todes keine Sorgen machen? Wenn sie tatsächlich so lange leben wollen, wie sie es offenbar erwarten, sollten sie besser dem Dharma folgen. Denn Leben, Tod und der Wandel selbst sind im *Dharmakâya* (der Leerheit und Einheit aller Phänomene) transzendiert.

27

Ich sammle auf, was die Erntearbeiter übersehen oder weggeworfen haben. Warum sind ihre Körbe leer und meine bersten von so viel guter Nahrung? Sie haben ihre Buddha-Natur nicht erkannt, als sie ihr begegneten.

Alles im Leben hängt von der Wahl ab, die wir treffen.

28

In einer wohlerzogenen Gesellschaft bemerkt jeder, wenn jemandes Hände schmutzig sind. Man wird ihn mit Verachtung ansehen, und es wird ihm erbärmlich gehen, bis er seine Hände gewaschen hat.

Ist es nicht komisch, dass ein Mensch aber einen Charakter haben kann, der von Gier und Hass verschmutzt ist, und niemand dieser Tatsache die geringste Aufmerksamkeit schenkt? So einer bewegt sich ganz leichtfüßig, weil ein schmutziger Charakter scheinbar weniger bemerkenswert ist als schmutzige Hände.

Es ist ganz einfach, dreckige Hände sauber zu bekommen – man wäscht sie. Aber wie steht es mit einem korrupten Charakter?

29

Wenn ein Mensch zu viele weltliche Bürden trägt, wird sich sein Körper bald erschöpfen. Macht er sich zu viele Sorgen über die Probleme in der Welt, wird sein Geist bald kollabieren. Von materiellen Dingen besessen zu sein, ist eine gefährliche Art zu leben und eine idiotische Verschwendung von Energie. Ein Mensch sollte seine Bedürfnisse vereinfachen und seine Stärke auf spirituelle Ziele richten. Niemand hat je seinen Körper oder Geist ruiniert, indem er sich in Selbstgenügsamkeit übte.

30

Was ist letztlich der Unterschied zwischen Mühsal und Vergnügen? Mühsal ist ein Hindernis, ein Hindernis eine Herausforderung und eine Herausforderung die Chance, die eigene Dharma-Stärke einzusetzen. Was könnte vergnüglicher sein als dies?

Die Menschen haben immer so viel Angst vor dem Elend. Sie gehen durchs Leben, indem sie das Schwierige zu meiden und das Leichte zu umarmen suchen. Für mich ist es genau andersrum. Ich unterscheide überhaupt nicht zwischen Mühsal und Vergnügen. Ob der Pfad vor mir schwer oder leicht ist, ich zögere nicht, ihm zu folgen.

31

Entrüstet verdammen die Leute Diebe, die materielle Güter stehlen. Ich mache mir Sorgen um den Dieb, der Seelen raubt. Die Leute schützen ihr Eigentum, bauen Mauern und stellen Wachen auf. Sie hängen jeden Dieb, den sie fangen. Welche Maßnahmen treffen sie aber, um ihren Geist vor Korruption und Verlust zu schützen?

32

Ein Mensch von gutem Charakter ist freundlich, bescheiden und frei von materiellen Begierden. Ein Mensch von schlechtem Charakter ist rüde, stolz und von seiner Gier versklavt. Sanftmut erfordert größere Stärke als Rauheit. Bescheidenheit ist achtenswerter als Frechheit. Freiheit ist immer Sklaverei vorzuziehen.

Es ist offensichtlich: Ein Mensch von gutem Charakter hat ein besseres Leben.

33

Es gibt materiellen Gewinn und spirituellen Gewinn. Um die materiellen Objekte seiner Begierde zu erlangen, sucht der Geist in der äußeren Welt. Für die spirituellen Errungenschaften wendet er sich nach innen.

Wer nicht auf sein Herz hört, wird von der materiellen Welt abhängig. Der Dharma-Sucher blickt nach innen, er will nur von seinem Herzen abhängen.

34

Man kann sich nicht wohlfühlen, wenn man Splitter in der Haut hat. Zieht man sie nicht heraus, infiziert sich die Wunde und kann nekrotisch werden.

Mit dem Herzen ist es genauso. Man kann sich nicht wohlfühlen, wenn Splitter der Gier in ihm stecken. Zieht man sie nicht heraus, infiziert sich das Herz. Was tut man dann, wenn der Herzgeist abstirbt?

35

Eine Naturkatastrophe, ein so genannter Akt des Himmels, unterscheidet nicht zwischen seinen Opfern. Sie schadet allen, Reichen wie Armen, Guten wie Bösen.

Wann immer man Macht über Menschen hat, sollte man sich Naturkatastrophen in Erinnerung rufen und himmelsgleich in seiner Gerechtigkeit sein.

36

Die beste Art, andere zum Dharma-Weg zu bekehren, ist, sich selbst zuerst zu bekehren. Sei ein Beispiel, dem andere folgen können. Eine natürliche Tat, die gutem Charakter entspringt, ist überzeugender als die eloquenteste Rede.

37

Es ist einfacher, aus der Armut zum Luxus zu gelangen, als vom Luxus zur Armut. Das weiß jeder. Armut ist, als würde man in wilden Fluten umher-geworfen. Wenn einer aufmerksam ist, findet er einen Weg hinaus. Doch Luxus ist, als würde man angenehm in einem Fluss treiben. So einer schläft ein und wacht erst auf, wenn er sich im Ozean befindet.

Heiße die Mühsal willkommen! Sieh den Regen wie Morgentau an und fürchte dich vor sonnigen Tagen. Es ist schwer zu klettern, wenn dir die Sonne in den Rücken sticht.

38

Unsere Buddha-Natur ist stets klar und leuchtend. Wenn wir sie nicht sehen können, dann weil unsere Augen von emotionalem Schutz verschleiert sind. Wir können Schmutz nicht mit Schmutz beseitigen und Gefühle nicht mit Gefühlen beruhigen. Wie also den Schleier loswerden? Wir benutzen Dharma-Weisheit. Erwachen lüftet den Schleier und erleuchtet unser Buddha-Gesicht.

39

Die große Qualität von Weisheit ist, dass sie stets mit dem antwortet, was nötig ist. Wie ein wohl gesetztes, spitzes Schwert, das stets sein Ziel trifft. Wenn wir an Weisheit zunehmen, können wir unseren Geist kontrollieren.

Ein Weiser ist stets freundlich und besonnen. Er sieht immer, was gebraucht wird. Er lässt Schneeflocken auf einen überhitzten Körper fallen und reicht kühles Wasser, um Durst zu löschen.

40

Der leichte Weg ist immer so anziehend. Warum ziehe ich den anstrengenden Weg vor? Auf dem leichten Weg sehen wir Dinge als selbstverständlich an. Wir werden faul und sind gelangweilt. Dies ist der Anfang von Ärger und Verlust. Wenn wir aber den anstrengenden Weg gehen, wissen wir, dass wir in unserer Achtsamkeit nicht einen Moment lang nachlässig sein können. Wir müssen wachsam sein, um den Herausforderungen begegnen zu können. Probleme zu lösen schärft unseren Geist und stärkt unseren Charakter. Das ist eine Leistung, das ist wahrer Gewinn!

41

Wir neigen alle dazu, diejenigen zu mögen, die unserem Rat folgen, und diejenigen abzulehnen, die unseren Rat in den Wind schlagen. Vor dieser Neigung sollten wir uns schützen.

Wenn wir unseren Gefühlen gestatten, uns derart zu beeinflussen, ignorieren wir selbst den Rat des Dharma. Liebe und Hass können unser Bewusstsein infizieren und unsere Fähigkeit zu klarer Wahrnehmung und vorurteilsfreier Sicht gefährden. In der Dunkelheit können wir stolpern. Kontrollieren wir unsere Gefühle, bewahren wir das Licht.

42

Die Menschen sehnen sich nach sinnlicher Anregung und genießen eine solche Art von äußerem Einfluss. Ich betrachte diese Sehnsucht als eine Form des Leidens. Sinnliche Anregung zehrt von sich selbst, wird größer und größer und entwickelt einen stets anwachsenden Appetit. Man wird sich und andere zerstören im Versuch, diesen zu stillen.

Das Vergnügen, das der Dharma-Weisheit entstammt, ist eine innerliche Anregung. Je mehr man diese genießen kann, desto größer die Zufriedenheit. Wenn sie sich zwischen Anregungen entscheiden sollen, wählen Erleuchtete stets den Dharma.

43

Jeder weltliche Erfolg hat seine Schattenseiten. Je reicher man wird, desto stolzer. Je höher der Rang, desto herrschsüchtiger verhält man sich. Je größer der Ehrgeiz, desto rücksichtloser wird man.

Erfolg im Dharma wirkt anders: Je besser du wirst, desto besser wirst du.

44

Wellen wühlen den Ozean auf, und Windmühlen drehen sich dank des Windes. Ohne den Wind wird der Ozean ruhig und die Windmühlen kommen zum Stillstand. Für jede Wirkung gibt es eine Ursache.

Wellen der Begierde nach Dingen der materiellen Welt wühlen unseren Geist auf, halten ihn in einem konstanten Zustand der Aufregung, der in alle Richtungen drängt. Was würde wohl passieren, wenn wir die Begierde auslöschen?

45

Der Fluss eines Stromes ist träge, wenn die Quelle flach ist; ein Wasserrad wird sich nicht in ihm bewegen. Wenn das Fundament wacklig ist, wird ein hohes Gebäude nicht standhalten, Mauern werden rissig und Fußböden brechen ein. Tiefe und Festigkeit sind unabdingbar für die Beständigkeit eines Werkes. Die Heiligen wissen das, darum haben sie sich tief im Dharma verwurzelt. Sie wurden zu Säulen der Güte, die nichts umstoßen konnte. Ihr Erwachen war wie ein Leuchtturm, der nachfolgende Generationen führte und inspirierte.

Sei nicht damit zufrieden, den Dharma nur oberflächlich zu studieren und zu erinnern. Tauche tief darin ein, so tief du kannst!

46

Der grenzenlose Himmel und die riesige Erde können problemlos mit den Augen geschaut werden, doch schon ein kleiner Fussel kann die Sicht verhindern. Ein liebevolles Herz kann sich ins Universum ausdehnen, doch ein einziger hassvoller Gedanke kann das Herz so punktieren, dass seine Liebe verrinnt. Unterschätzt nie die Macht der kleinen Dinge! Die Heiligen haben den kleinsten Gedanken stets Beachtung geschenkt.

47

Selbst wenn hundert große Gelehrte Versagen voraussagen, wird der Weise, der in seine Talente vertraut, durchhalten und Erfolg haben. Selbst wenn dieselben Gelehrten Erfolg voraussagen, wird derjenige, der nur Wissen und kein aus Weisheit geborenes Selbstvertrauen besitzt, scheitern.

Buchwissen allein nährt Zweifel, und Zweifel verursachen Verwirrung. Unter solchen Umständen kann sich kein Selbstvertrauen entwickeln. Doch Weisheit führt zu Vertrauen, und Vertrauen erleichtert Einsicht und klares Denken. Dharma-Anhänger folgen dem Weg der Weisheit, um Zweifel zu tilgen und Erkenntnis sinnvoll anwenden zu können.

48

Vor nicht allzu langer Zeit empfand jemand, der in den Dreck fiel, eine solche Scham, dass er gelobte, sich zu bessern und nie wieder hinzufallen. Heutzutage verschickt jemand, der im Dreck liegt, noch Einladungen an andere, ihm doch Gesellschaft zu leisten. Das ist doch ein trauriger Zustand, nicht wahr?

49

Wir können uns einzig dessen sicher sein, dass wir uns nichts sicher sein können. Die einzige Tatsache, die sich nicht ändert, ist die, dass alle Dinge sich dauernd ändern. Die Heiligen übten sich in Geduld. Egal, in welche Situation sie gerieten, sie warteten ruhig ab. Sie verstanden auch, dass in Herzensangelegenheiten sich nicht das Objekt der Zuneigung allein verändert, sondern auch das Subjekt sich als launenhaft erweist. Begierde könnte das Wandelbarste aller Dinge sein.

50

Übe dich darin, früh schlafen zu gehen. Das ist die beste Voraussetzung, sich einen starken und friedvollen Geist zu erhalten. Wer lange aufbleibt, muss auf den Putz hauen und seine Freunde beeindrucken, weil die ansonsten gelangweilt wären. Selbst wenn so einer dann lange schläft, ist er noch müde beim Aufstehen und träge in Körper und Geist. Er wird nicht recht denken und arbeiten können. Wer aber dem Dharma folgt, führt ein reicheres Leben und braucht keine anderen Menschen zur Unterstützung. Gute Angewohnheiten sind wie Muskeln: Je mehr man sie einsetzt, desto stärker werden sie.

51

Alle Flüsse fließen ins Meer, ob groß oder klein, klar oder trüb; das Meer reagiert, indem es Dampf erzeugt, der zu Wolken wird, die abregnen und wieder die Flüsse füllen. Dies ist ein Kreislauf.

Die Heiligen erweisen allen Menschen Zuneigung und Respekt, ob sie reich oder arm, gut oder böse sind. Wenn die Menschen solch herausragende Gerechtigkeit sehen, reagieren sie, indem sie die Heiligen verehren und sie nachzuahmen suchen. Auch dies ist ein Kreislauf.

Betrachte den Dharma, wie ein Fluss das Meer betrachtet, als Ursprung seiner Natur und sich endlos erneuerndes Schicksal. Betrachte den Dharma, wie die Menschen Heilige betrachten, als Ursprung und Ziel ihrer Zuneigung gleichermaßen.

52

Wenn du andere Menschen als von dir getrennt oder von dir verschieden behandelst, wirst du sie nicht gerecht und gnädig beurteilen können. Wenn du sie aber wie Versionen von dir selbst ansiehst, wirst du ihre Irrtümer verstehen und ihre Stärken zu schätzen wissen.

Können wir nicht von Glück sagen, dass dies die Weise ist, auf die der Himmel die Erde betrachtet?

53

Wenn jemand nur oberflächliche Formen von Materie sieht und nicht zur wahren Natur der sichtbaren Realität vordringt, ist er spirituell blind.

Hört einer nur die zeitbedingte Funktion von Geräuschen und dringt nicht zur wahren Natur der hörbaren Realität vor, ist er spirituell taub.

Formen und Töne sind nur Illusionen. Wir benutzen Sehen und Hören, um ihre Essenz zu bestimmen und die wahre Natur der Wirklichkeit zu verstehen.

54

Der unaufhaltsame Strom der bewussten Gedanken des Egos kann nicht lange genug still stehen, um die Wahrheit zu verstehen. Dennoch denken sich die Leute dauernd Hindernisse aus, um den Fluss anzuhalten, sie benutzen Gedanken, um Gedanken zu stoppen. Doch Gedanken sind wie Wildkatzen, man kann nicht eine mit einer anderen zähmen.

Wie können wir also ins Stadium des Nicht-Denkens eintreten? Indem wir die nicht-substantielle Natur sowohl des Denkenden als auch des Gedankens begreifen. Tatsächlich gibt es nicht den kleinsten Gedanken oder auch nur Denkenden. Wenn wir diese Wirklichkeit bezeugen, wird uns das von der Fessel jenes Gedankens befreien, keine Gedanken haben zu dürfen.

55

Die eigentliche Natur von Körper und Geist ist klar und still und besitzt nicht einen Gedanken. Es ist das Ego, das denkt. Und es ist das Ego, das denkt, es würde lieber nicht denken. Das Ego verursacht die Probleme, die es zu lösen sucht. Frei von Ego zu sein bedeutet, den tonlosen Ton zu hören, den unsichtbaren Anblick zu sehen und den gedankenlosen Gedanken zu denken.

56

Erreicht man das Stadium des gedankenlosen Gedankens, meint man, zum Dharma erwacht zu sein. Man denkt über seine Meditationserfahrung nach und wie sie die Gedanken über die eigene Umgebung verändern wird. Man denkt, es sei absolut wunderbar, wie man seinen Geist kontrolliert. Man kann nicht sagen, man hätte mehr, worüber man nachdenken müsste – es ist tatsächlich weniger.

57

Je klarer der Körper, desto leuchtender die eigene Buddha-Natur. Am Anfang benötigen wir noch den Körper. Er ist wie eine Lampe. Die Buddha-Natur ist seine Flamme. Doch wir sind uns womöglich noch der Schatten bewusst. Wenn wir fortschreiten, empfinden wir den Körper als das Universum – und darin unser Buddha-Selbst überall erstrahlen wie die Sonne.

58

Es gibt keinen Anfang für das, was zuvor kam, und kein Ende für das, was danach kommen wird. Die Gedanken sind es, die den Fluss der Zeit unterbrechen und justieren. Gedanken bestimmen, dass die Nacht dem Tag folgt, der Tod dem Leben, dass einige Dinge klein sind und andere groß. Was ist denn für das Universum groß oder klein, hell oder dunkel, vergangen oder zukünftig?

59

Handlungen sind klein, das Prinzip ist groß. Handlungen sind zahlreich, das Prinzip ist eins. Wer das Prinzip lebt und seine Bedeutung durch seine Adern fließen lässt, weicht in seinem Handeln niemals davon ab. In allem, was er tut, erfüllt er das Prinzip. Ob geschäftig oder in Muße, er täuscht und manipuliert nicht, hat keine verborgenen Motive und benötigt sie auch nicht.

60

Nichts in der Welt wird ohne Begierde oder ohne Beweggrund erlangt. Du kannst den Weg der Aufrichtigkeit wählen und ernsthaft deiner Begierde folgen, oder den Weg der Täuschung und unter falschem Vorwand bekommen, was du willst. Ob so oder so, wenn du das Objekt deiner Begierde erlangt hast, wirst du abhängig davon, zumindest so lange wie es dauert, bis du etwas anderes begehrst. Doch zwischen diesen Wegen der Aufrichtigkeit und List gibt es einen Pfad, der keiner Strategie bedarf. Dies ist der Pfad, der weltliches Begehren als das verstehen lernt, was es ist. Auf diesem Pfad sterben deine Beweggründe von selbst, während du weiter voranschreitest.

61

Wenn du an eine Sache denkst, dann gewährst du ihr Existenz. Objekte, die Begierde auslösen, verschwinden, wenn sich das geistige Auge vor ihnen verschließt; dann verschmelzen sie mit der Umgebung.

Mit Gefühlen ist es genauso. Hoffnungen, Ängste, Werturteile, Empfindungen von Lust und Elend verschwinden ebenfalls, wenn der Geist sich nicht in die weltlichen Ereignisse verstrickt, die sie auslösen. Wenn der Geist leer und nicht mehr von weltlichem Unrat angefüllt ist, kann er unbegrenzten Raum enthalten. Friede durchdringt seine Reinheit, der Himmel leuchtet und die Harmonie der Sphären hallt überall wider.

62

Je mehr die Menschen durch Willenskraft eine Begierde auslöschen wollen, desto stärker machen sie diese Begierde. Die zusätzlich aufgewandte Kraft wird sie nur verwirren. Sie werden von dem Problem besessen. Je mehr die Menschen über den Dharma reden, ohne ihn zu kennen, desto mehr stärken sie ihre Unwissenheit. Sie wachsen in dieser Unwissenheit und halten sich bald schon für Säulen der Rechtschaffenheit. Sie sind wie Fische an Land, die anderen das Schwimmen beibringen wollen, oder wie Vögel in Käfigen, die anderen Unterricht im Fliegen anbieten.

Wenn du ein Verlangen bezwingen willst, dann reiß ihm die Maske herunter und sieh es als das, was es ist. Sogleich wird es unbedeutend und ist keines weiteren Gedankens mehr wert. Willst du den Dharma lehren, dann lass ihn zu deiner natürlichen Heimat werden. Fühle dich darin zuhause. Mache dich mit der menschlichen Natur vertraut, indem du deine eigenen Fehler und niedrigen Gelüste erkennst. Unverzüglich wirst du anderen ihre Vergehen nachsehen. Sei bescheiden und sanftmütig in deiner Zuneigung zur Menschheit. Das ist die Weise, ein Beispiel für andere zu sein. Stolze Unnachgiebigkeit ist keine Rechtschaffenheit, sondern spirituelle Todesstarre.

63

Wer es mit dem Dharma ernst meint, sucht die Einsicht der Weisheit in allem, was er tut. Ob beschäftigt oder in Muße, ob allein oder in Gesellschaft, in jeder Situation findet er sich selbst und bemüht sich, bewusst achtsam zu bleiben. Solche Wachsamkeit ist nicht leicht. Doch wenn einer sich an die Übung gewöhnt, wird sie so natürlich, dass niemand auch nur einen Verdacht hegt, was hiermit erreicht wird.

64

Wenn du einen einzigen Grashalm dem Universum absprichst, kann man nicht mehr behaupten, es sei allumfassend. Wenn du einen winzigen Gedanken der Gier oder Lust in einen reinen Geist einlässt, kann man nicht länger behaupten, dieser Geist sei unbefleckt.

Achte auf die kleinen Dinge, ihre An- oder Abwesenheit kann alles verändern.

65

Der Geist dehnt sich ins Universum aus, der Körper schrumpft auf die Größe einer Maus. Erleuchtet zu sein bedeutet, die Dynamik des Dharma zu akzeptieren.

Wenn der Geist in den grenzenlosen Raum aufsteigt, bleibt der Körper doch auf seinen irdischen Lebensraum beschränkt. Meist sieht man ihn im Dunkeln umherwieseln.

66

Welche Zeit- und Kraftverschwendung, materielle Objekte der Begierde erlangen zu wollen. Keine dauernde Befriedigung kann aus ihrem Erwerb resultieren, da sie durch ihr Erlangen ihren Status als Objekte der Begierde eingebüßt haben. Sie werden wie Feuerholz und Weihrauch verzehrt. Kaum ist die Asche im Mund ausgespuckt, wird schon nach einem anderen Baum gesucht, den man fällen könnte.

Die Heiligen strebten nach spiritueller Einsicht. Sie hinterfragten den Sinn des Lebens. Mit solcher Einsicht gewannen sie das Universum. Als es nichts mehr zu begehren gab, zündeten sie keine Opferfeuer an.

67

So ausgedehnt das Universum auch ist, es passt in den Geist. So klein der Körper auch ist, es gibt nicht genug in dieser Schöpfung, um ihn zu befriedigen.

68

Alles im Universum hat Eine Natur. Die Menschen, die in dieser Natur leben, haben alles, was sie sich wünschen könnten. Erwachte haben. Unerwachte begehren.

69

Ein Mensch, der sich anderen gegenüber für überlegen hält, gibt ständig Werturteile ab und sieht lauter Unterschiede. Er denkt in Gegenteilen: gut oder böse, richtig oder falsch. Wenn er seinen eigenen Regeln der Gerechtigkeit folgte, müsste er mindestens die Hälfte der Schöpfung ablehnen.

Einer, der dem Dharma folgt, versucht sich mit dem Rest der Menschheit zu vereinigen. Er unterscheidet nicht und bleibt angesichts von Werturteilen gleichmütig. Er weiß, dass Buddha-Natur die eine, ununterscheidbare Wirklichkeit ist. Einer, der dem Dharma folgt, will sich stets seiner Einbindung in dieses Eine bewusst sein.

70

Berge, Flüsse und die Erde selbst sind Teile des Einen. Der klare Geist ist transparent, alle Existenz kann durch ihn erkannt werden. Der Geist aber, der von der Illusion des Egos umwölkt ist, sieht nichts als sich selbst.

Versuche zu erkennen, dass du ins Eine eingebunden bist. Dein Körper mag in der materiellen Welt weilen, doch dein Geist wird verstehen, dass es nichts außerhalb von ihm gibt, was er begehren müsste.

71

In der vollkommenen Unbeweglichkeit des Dharma nimmt der Herzgeist alles wahr und versteht. Es gibt für die Zunge keine Worte mehr zu formen, für das Ohr keinen Ton zu hören, für das Auge keinen Anblick zu sehen. Wer im Dharma lebt, der lebt in seinem Herzgeist. Auch wenn sein Körper zerfallen mag, ist sein Atem stets wie eine duftend kühle Brise. Wie wunderbar, in der Nähe eines solchen Menschen zu sein!

72

Ich habe so viel gelernt von Menschen, die von der Gesellschaft ausgeschlossen wurden. Ja, das ist wahr. Höre meinen Rat: Wenn du einen guten Lehrer finden willst, dann suche nach einem, der von den anderen als blind, taub oder unwissend abgelehnt wurde.

73

Die Objekte der materiellen Welt sind die Requisiten, Bühnenbilder und Charaktere eines Traumdramas. Wacht man auf, ist die Bühne verschwunden, und ebenso verschwinden Darsteller und Zuschauer. Aufwachen ist nicht Tod. Was in einem Traum lebt, kann in einem Traum sterben, doch der Träumer hat eine wirkliche Existenz, die mit dem Traum nicht aufhört. Für ihn ist nur wichtig, mit dem Träumen aufzuhören, die Begeisterung für Traumbilder zu beenden und zu erkennen, dass er eben bloß ein Träumer war.

74

Die meisten Menschen nehmen nur den Wandel wahr. Für sie treten Dinge ins Dasein und wieder aus ihm heraus. Früher oder später wird das Neue alt und das Wertvolle wertlos. Der Menschen Ego bestimmt die Natur des Schicksals von allem.

Wenn Existenz in begrenzten, flüchtigen Begriffen definiert wird, dann wird die Macht, Menschen und Dinge zu kontrollieren, als Ausdruck des Egos angesehen. Warum auch nicht? Ist das Ego denn keine Autorität für das Thema Wandel? Wenn es freilich zu dem „Einen, das sich niemals wandelt“ kommt, bleibt das Ego erstaunlich unwissend. Heutzutage schätzen die Menschen das Unwandelbare nicht. Sie drängeln sich, mit jeder Mode Schritt zu halten. Wie Komödianten versuchen sie verzweifelt, neue Witze zu sammeln. Ihr Leben hängt davon ab, die Zuschauer zum Lachen zu bringen.

Was wirklich belustigt ist ihre Überzeugung, frei und mächtig zu sein und alles unter Kontrolle zu haben. Tatsächlich sind sie bloß hilflose Sklaven ihrer Illusion.

75

Es gibt zwei Wege, den Dharma wahrzunehmen: den plötzlichen Weg, auf dem das Hindernis der Illusion durch eindrucksvolle Achtsamkeit zerschmettert wird; und den allmählichen Weg, auf dem die Illusion schrittweise durch kontinuierliche Anstrengung zerstört wird. So oder so muss das Hindernis vernichtet werden.

76

Der Buddha-Geist enthält das Universum. In diesem Universum gibt es nur eine reine Substanz, eine absolute und unteilbare Wahrheit. Die Vorstellung von Dualität existiert nicht.

Ein kleiner Geist enthält nur Illusionen von Getrenntheit und Geteiltsein. Er stellt sich Myriaden von Objekten vor und definiert Wahrheit in Begriffen des Gegenteils. Groß wird durch klein definiert, gut durch böse, rein durch beschmutzt, versteckt durch offenbart, voll durch leer. Was ist ein Gegensatz? Es ist die Arena von Feindschaft, Konflikt und Aufruhr. Wo Dualität überschritten wird, herrscht Friede. Dies ist die letztgültige Wahrheit des Dharma.

77

Obwohl die Wahrheit des Dharma nicht in Worten ausgedrückt werden kann, reden und reden die Lehrer und versuchen ihn zu erklären. Das ist wohl einfach die menschliche Natur, zu sagen, etwas könne nicht erläutert werden, und dann Stunden mit Deutungsversuchen zu verbringen. Kein Wunder, dass da die Leute davonlaufen. Nun, wir könnten unterhaltsamer sein, witzige Geschichten erfinden und unserem Publikum schmeicheln. Doch dann würden wir nur Illusion auf Illusion anhäufen. Was hätte das mit dem Dharma zu tun?

78

Wer allein ist, kann keine Konversation führen. Eine Trommel muss hohl sein, damit ihr Klang widerhallen kann. Abwesenheit zählt. Worte beschränken. Deutungen unterscheiden sich. Auch was nicht gesagt wird, ist relevant. Absolute Wahrheit kann nicht in Worten ausgedrückt werden, man muss sie erfahren. Danach offenbaren wir am besten in eloquentem Schweigen, dass wir zum Dharma erwacht sind.

Praxis und Erleuchtung

I. Wie man praktiziert und die Erleuchtung erlangt

Was Ursache und Bedingung dieser Großen Angelegenheit betrifft, ist die Buddha-Natur essentiell in Jedermann. Sie ist bereits vollständig in dir, und es mangelt ihr an nichts. Die Schwierigkeit liegt darin, dass seit anfangsloser Zeit Samen der Leidenschaft, des verwirrten Denkens, der emotionalen Begriffsbildung und tief verwurzelte Gewohnheiten diese wunderbare Leuchtkraft vernebelt haben. Du kannst sie nicht wirklich erkennen, weil du dich noch in verwirrten Restgedanken von Körper, Geist und der Welt suhlst und dabei über dies und das grübelst und Urteile abgibst. Aus diesem Grund bist du im Kreislauf von Geburt und Tod umhergestreift. Doch alle Buddhas und alten Meister sind in der Welt erschienen, um mit zahllosen Worten und geschickten Mitteln Chan (Zen) darzulegen und dessen Doktrin zu klären. Je nach dem Zustand der fühlenden Wesen sind all diese geschickten Mittel wie Werkzeuge, die den Geist des Anhaftens zertrümmern und erkennen lassen, dass ursprünglich die Phänomene und das Selbst keine wirkliche Substanz haben.

Was gemeinhin als Praxis bekannt ist, bedeutet einfach, im Einklang mit dem jeweiligen eigenen Geisteszustand zu sein, um die verwirrten Gedanken und Reste von Gewohnheiten zu bereinigen und von ihnen zu lassen. Sich hierbei anzustrengen gilt als Praxis. Wenn innerhalb eines einzigen Augenblicks verwirrtes Denken plötzlich aufhört, wirst du deinen eigenen Geist wahrnehmen und erkennen, dass er weit und offen, strahlend und leuchtend und im Wesen vollkommen ist. Dieser Zustand ursprünglicher Reinheit, der bar jedes Gedankens ist, wird Erleuchtung genannt. Jenseits des Geistes gibt es nichts, was Übung oder Erleuchtung ist. Die Essenz deines Geistes ist wie ein Spiegel, und alle Spuren verwirrten Denkens und Anhaftens an Umstände sind der befleckende Schmutz auf dem Geist. Deine Vorstellung von den Erscheinungen ist dieser Schmutz, und dein emotionales Bewusstsein ist diese Befleckung. Wenn alle verwirrten Gedanken wegschmelzen, wird sich die innewohnende Essenz von selbst zeigen. Es ist wie mit dem Spiegel, der seine Klarheit wiedergewinnt, wenn der Dreck weggewischt ist. So verhält es sich auch mit dem Dharma.

Unsere Gewohnheiten, unsere Befleckung und unser Haften am Selbst, die sich über Äonen ansammelten, haben sich jedoch verfestigt und tiefe Wurzeln geschlagen. Glücklicherweise kann durch die Führung eines guten spirituellen Freundes unsere innere Weisheit unser Dasein beeinflussen und vermehrt werden. Wenn wir erkannt haben, dass diese Weisheit uns angeboren ist, kommen wir in die Lage, den Geist von *bodhi* (Erwachen) anzuregen und uns darauf auszurichten, den Kreislauf von Geburt und Tod zu verlassen. Diese Aufgabe, die Wurzeln von Geburt und Tod mit einem Mal auszureißen, die in unzählbaren Äonen entstanden sind, ist eine schwierige Angelegenheit. Wenn du nicht sehr stark und mutig genug bist, solch eine Bürde zu schultern und direkt und ohne zu zögern zu dieser Angelegenheit durchzudringen, dürfte es dir kaum gelingen. Ein Altehrwürdiger sagte: „Diese Angelegenheit ist wie ein Mensch, der zehntausend Feinden gegenübertritt." Das ist keineswegs übertrieben.

II. Der Zugang zu Praxis und Erleuchtung

In diesem Zeitalter des Endes vom Dharma gibt es mehr Menschen, die praktizieren, als solche, die wirkliche Erkenntnis haben. Es gibt mehr Menschen, die dabei ihre Kräfte verschwenden, als solche, die Kraft daraus beziehen. Warum ist das so? Weil sie ihre Mühen nicht direkt einsetzen und die Abkürzung nicht kennen. Stattdessen füllen sie ihren Kopf mit Wissen aus der Vergangenheit von Worten und Sprachen, die sie gehört haben, oder sie bemessen Dinge aufgrund ihrer emotionalen Unterscheidungen, oder sie unterdrücken verwirrte Gedanken, oder sie blenden sich selbst mit eingebildetem Staunen, das durch ihre Sinnesorgane kommt. Diese Menschen erwägen die Worte der Alten in ihren Gedanken und halten sie für wirklich. Sie haften an ihnen an, als wären es ihre eigenen, wissen aber nicht, dass keines dieser Worte ihnen nutzt. Dies nennt man: das Verständnis anderer ergreifen und den eigenen Zugang zur Erleuchtung vernebeln.

Um sich in der Praxis zu üben, musst du zunächst altes Wissen und Verständnis ablegen und all dein Bemühen konzentriert auf einen Gedanken richten. Sei fest davon überzeugt, dass dein Geist ursprünglich rein, klar, strahlend und vollkommen ist und ohne das kleinste zurückbleibende Ding den *Dharmadhatu* (absolute Wirklichkeit) durchdringt.

Eigentlich sind da weder Körper, Geist, Welt oder irgendwelche verwirrten Gedanken und emotionalen

Konzepte. Genau in diesem Augenblick ist dieser eine Gedanke selbst ungeboren! Alles, was sich jetzt vor dir manifestiert, ist illusorisch und nicht-substantiell, es sind Spiegelungen aus dem wahren Geist. Arbeite darauf hin, alle verwirrten Gedanken zu zerstören. Du solltest deinen Geist konzentrieren, um zu erkennen, wo diese Gedanken entstehen und wo sie vergehen. Wenn du so praktizierst, ist es egal, welche Art verwirrter Gedanken auftaucht – mit einem Schlag werden sie allesamt in Stücke gehauen, alles wird sich auflösen und verschwinden. Du solltest nie verwirrten Gedanken folgen oder sie aufrechterhalten. Meister Yongjia mahnte: „Man muss den Geist abtrennen, der sich Fortdauern wünscht." Der illusorische Geist der Täuschung ist ursprünglich wurzellos. Du solltest einen verwirrten Gedanken nie als wirklich ansehen und nicht versuchen, ihn im Herzen zu bewahren. Sobald er entsteht, erkenne ihn. Wenn du ihn bemerkst, wird er verschwinden. Versuche nie, Gedanken zu unterdrücken, sondern erlaube ihnen zu sein, als würdest du einen Flaschenkürbis beobachten, der auf dem Wasser treibt.

Lass deinen Körper, Geist und die Welt beiseite und bringe einfach diesen einen Gedanken hervor, wie ein Schwert, das den Himmel durchstößt. Ob ein Buddha oder ein Dämon auftaucht, zerteile sie einfach wie einen Knoten verwickelter Seidenfäden. Nutze all deine Kräfte geduldig, um deinen Geist bis an seine äußerste Grenze zu bringen. „Ein Geist, der den rechten Gedanken von wahrer Soheit aufrecht erhält" bedeutet, dass ein rechter Gedanke ein Nicht-Gedanke ist. Wenn du in der Lage bist, Nicht-

Denken zu denken, bewegst du dich bereits auf die Weisheit der Buddhas zu.

Wer praktiziert und den *bodhi*-Geist erzeugt hat, sollte von der Lehre vom Nur-Geist überzeugt sein. Der Buddha sagte: „Die drei Reiche sind Nur-Geist und die zahllosen Phänomene sind bloßes Bewusstsein.“ Der gesamte Buddhadharma ist eine weitere Auslegung dieses Satzes, damit jeder befähigt wird, zu unterscheiden, zu verstehen und Glauben in diese Wirklichkeit zu erzeugen. Die Texte zum Heiligen und Profanen beschreiben nur Wege von Täuschung und Erwachen innerhalb deines eigenen Geistes.

Jenseits des Geistes sind alles Karma und alle Tugend unerreichbar. Deine innewohnende Natur ist wundervoll. Sie ist natürlich und spontan und etwas, zu dem du im Grunde gar nicht erwachen kannst (da du es von Anfang an hast). Was könnte da also getäuscht werden? Täuschung verweist nur auf deine Unkenntnis, dass dein Geist ursprünglich nicht ein einziges Ding kennt und Körper, Geist und die Welt leer sind. Weil diese Einsicht verhindert wird, gibt es Verwirrung.

Du hast den verwirrt denkenden Geist, der ständig auftaucht und vergeht, für wirklich gehalten. Auch die zahlreichen illusorischen Verwandlungen in den Bereichen der sechs Sinnesobjekte hieltest du für real. Wenn du heute bereit bist, deinen Geist auf den höheren Weg auszurichten, solltest du all deine früheren Ansichten und Erkenntnisse ablegen, denn hier ist kein Jota intellektuellen Verständnisses oder gar Pfiffigkeit gefragt. Du musst nur durch Körper, Geist und Welt, die vor dir erscheinen, hindurchsehen und erkennen, dass sie alle nicht-substantiell sind. Als Fantasiegespinste gleichen sie den Bildern in einem Spiegel oder dem Mond, der im Wasser reflektiert wird. Höre alle Töne und Stimmen, als wären sie Winde, die durch einen Wald wehen. Nimm alle Objekte wahr wie Wolken, die am Himmel entlang ziehen. Alles ist in ständigem Fluss, alles ist illusorisch und nicht-substantiell. Nicht nur die äußere Welt ist derart, sondern auch deine eigenen verwirrten Gedanken, deine emotionalen Unterscheidungen und all die Samen von Leidenschaft, Verdruss und Gewohnheiten sind grundlos und nicht-substantiell.

Wenn du dich so in der Kontemplation übst, solltest du stets die Quelle jedes auftauchenden Gedankens finden. Erlaube keinem Gedanken, wahllos an dir vorbeizuziehen, ohne von dir durchschaut worden zu sein. Und lass dich nicht von ihm täuschen! So wird deine Übung authentisch. Bilde dir keine abstrakte und intellektuelle Meinung dazu, versuche nicht, ein gewitztes Verständnis von dieser Sache zu erlangen. Bloß über diese Praxis zu sprechen sollte der letzte Ausweg sein. Waffen zum Beispiel sind keine glückverheißenden Objekte, doch man benutzt sie als letzte Alternative in Auseinandersetzungen. Die Altehrwürdigen sprachen davon, Chan zu untersuchen und das *hua-tou* (eine Art Schlüsselwort) hervorzubringen. Auch das sind nur letzte Alternativen. Obwohl es unzählige *gong an* (Kôan) gibt, kannst du allein durch das *hua-tou* „Wer ist es, der den Buddha-Namen rezitiert?“ in verzwickten Situationen auf einfache Weise Kraft beziehen. Doch auch dieses *hua-tou* ist bloß ein zerbrochener Ziegel, mit dem man Türen einschlägt – letztlich musst du es wegwerfen. Wenn du jedoch einstweilen ein *hua-tou* bei deiner

Praxis benutzt, musst du Vertrauen, unerschütterliche Standhaftigkeit und Ausdauer haben. Du darfst nicht im Geringsten zögern oder unsicher sein. Außerdem darfst du nicht an einem Tag so, am anderen Tag anders sein. Sorge dich nicht darum, nicht zu erwachen, und zweifle nicht daran, dass das *hua-tou* tief genug ist! All solche Gedanken wären nur Hindernisse. Ich muss das jetzt erwähnen, damit du nicht später bei Schwierigkeiten ins Zweifeln gerätst.

Wenn du Kraft aus dir selbst beziehst, wird die äußere Welt dich nicht beeinflussen. Innerlich mag dein Geist jedoch ohne ersichtlichen Grund zuweilen fieberhafte Ablenkung zulassen; manchmal kann Begierde und Lust aufkommen, manchmal Unrast. Zahlreiche Hindernisse können in dir entstehen und dich geistig wie körperlich erschöpfen. Dann weißt du vielleicht nicht, was du tun sollst. Es handelt sich hier um karmische Tendenzen, die unzählige Äonen lang in deinem achten Bewusstsein gespeichert wurden. Heute werden sie sich dank deiner energischen Praxis manifestieren. An diesem kritischen Punkt musst du unterscheiden können, sie durchschauen und dann überwinden. Lass dich nie von ihnen kontrollieren oder manipulieren, und halte sie vor allem nie für wirklich.

Erfrische dann deinen Herzgeist, erwecke deinen Mut und deinen Fleiß und bringe diese existentielle Angelegenheit durch deine Untersuchung des *hua-tou* hervor. Konzentriere dich auf den Punkt, an dem Gedanken entstehen, und gehe weiter und weiter, indem du dich fragst: „Ursprünglich ist da nichts in mir, woher kommen also die Hindernisse?“ Du musst entschlossen sein, zum Grund dieser Sache vorzudringen. Wenn du dich so vorantreibst und jede Täuschung, die auftaucht, beseitigst, ohne eine Spur zu hinterlassen, werden sogar Dämonen in Tränen ausbrechen. Kannst du derart praktizieren, werden von selbst gute Nachrichten bei dir eintreffen.

Wenn du mittels eines einzigen Gedankens alles zerschmettern kannst, wird sich das verwirrte Denken von selbst erledigen. Du wirst dich wie eine Blume am Himmel fühlen, die keine Schatten wirft, oder wie die leuchtende Sonne, die grenzenloses Licht ausstrahlt, oder wie ein klarer, transparenter Teich. Nachdem du dies erfahren hast, wird es unermessliche Gefühle von Licht, Leichtigkeit und Befreiung geben. Dies ist ein Zeichen dafür, dass du Kraft aus der Praxis für Anfänger gewinnst. Daran ist nichts Außergewöhnliches. Suhle dich nicht in dieser hinreißenden Erfahrung, sonst nimmt der Dämon der Freude von dir Besitz und wird zu einem weiteren Hindernis für dich. Im achten Bewusstsein sind deine tief verwurzelten Gewohnheitstendenzen und deine Samen der Leidenschaft gespeichert.

Wenn deine *hua-tou*-Praxis keine Wirkung zeigt oder du deinen Geist nicht erleuchten kannst, oder wenn du dich einfach nicht der Praxis widmen kannst, dann solltest du Niederwerfungen machen, die Sutras lesen und ausgiebig Buße tun. Du kannst auch Mantras rezitieren, um das geheime Siegel der Buddhas zu empfangen. Dies wird deine Hindernisse wegräumen, da alle geheimen Mantras die Siegel von Buddhas Diamant-Geist darstellen. Wenn du sie benutzt, ist das, als würdest du einen unzerstörbaren diamantenen Donnerkeil in den Händen halten, der alles zerstören kann; was auch immer in seine Nähe kommt, wird zu Staub. Die Essenz jeder esoterischen Lehre aller Buddhas und alten Meister ist in diesen Mantras enthalten. Darum heißt es: „Alle Tathâgata in den zehn Richtungen erlangten unübertreffliche und rechte vollkommene Erleuchtung durch die Mantras.“ Obwohl die Buddhas dies klar zum Ausdruck brachten, haben die alten Meister der Übertragungslinie dieses Wissen aus Furcht vor Missverständnissen geheim gehalten und nicht angewandt. Um Kraft aus den Mantras zu schöpfen, musst du sie freilich lange und intensiv einüben. Dabei solltest du nie Wunder erwarten oder durch sie anstreben.

III. Verständnis- und Verwirklichungs-Erleuchtung

Es gibt diejenigen, die zuerst erwachen und sich dann der Praxis hingeben, und andere, die zunächst praktizieren und danach erwachen. Auch zwischen dem Verständnis und der Verwirklichung der Erleuchtung bestehen Unterschiede.

Wer seinen Geist versteht, nachdem er die gesprochene Lehre Buddhas und der alten Meister vernommen hat, erlangt Verständnis-Erleuchtung. Meistens verfällt einer dann Ansichten und Wissen. Er wird nicht in der Lage sein, seine Erkenntnisse gemäß der verschiedensten Umstände anzuwenden. Sein Geist wird mit den äußeren Objekten in Widerspruch sein. Es gibt dann weder Einssein noch Harmonie. So einer wird ständig Hindernissen begegnen. Was er erlangt hat, nennt man „Anschein der Weisheit“, es entstammt nicht authentischer Praxis.

Verwirklichungs-Erleuchtung resultiert aus ernsthafter Übung, die fortgesetzt wird, wenn man in eine Sackgasse gerät, wenn die Berge karg und die Flüsse ausgetrocknet sind. Doch plötzlich wird in dem Augenblick, in dem ein Gedanke anhält, der eigene Geist durchdringend wahrgenommen. Dann fühlst du dich, als hättest du deinen eigenen Vater an einer Kreuzung gesehen – ohne Zweifel. Du selbst bist es nun, der das Wasser trinkt; ob es kalt ist oder warm, weißt nur du, und du kannst es anderen nicht beschreiben. Dies ist authentische Übung und wahres Erwachen. Solch eine Erfahrung kannst du in alle Situationen deines Lebens integrieren und das Karma, das sich bereits manifestiert hat, bereinigen und loswerden, ebenso den Bewusstheitsstrom, dein verwirrtes Denken und deine emotionalen Konzepte, bis alles in den Einen Wahren Geist verschmilzt. Dies nennt man Verwirklichungs-Erleuchtung.

Dieses Stadium kann man weiter unterteilen in flache oder tiefe Verwirklichungen. Wenn du dich weiter an der Wurzel deiner Existenz bemühst, die Höhle des achten Bewusstseins zertrümmerst, unverzüglich den Verschlag der grundlegenden Unwissenheit umstößt und mit einem Satz direkt ins Reich der Erleuchtung springst, dann gibt es für dich nichts mehr zu lernen. Dies bedeutet, allwaltende karmische Wurzeln zu haben. Deine Verwirklichung wird tiefgründig sein. Für diejenigen, die einen Stufenweg gehen, ist sie jedoch flach.

Am schlimmsten wäre, wenn du dich mit wenig Erfahrung zufrieden gibst. Gestatte dir nicht, in die überwältigenden Erlebnisse, die deinen Sinnesorganen entstammen, verstrickt zu werden. Denn dein achtes Bewusstsein ist noch nicht zertrümmert, also wird alles, was du erlebst, von deinem getäuschten Bewusstsein und deinen verwirrten Sinnen bedingt. Wenn du dieses Bewusstsein für wirklich hältst, dann verwechselst du einen Dieb mit deinem eigenen Sohn. Ein Altehrwürdiger sagte: „Wer sich in der Praxis ergeht, weiß oft noch nicht, was wirklich ist, denn bis jetzt hat er sein Bewusstsein für wahr gehalten. Was ein Narr für sein ursprüngliches Gesicht hält, ist tatsächlich die Ursache von Geburt und Tod." Diese Schranke musst du überwinden.

Die so genannte plötzliche und die allmähliche Erleuchtung verweisen auf jemanden, der tiefgründig erwacht ist, aber noch Reste von Gewohnheiten in sich hat, die nicht sofort gereinigt wurden. So einer muss die Prinzipien, die er in seiner Erleuchtung erkannt hat, auf alle Umstände des Lebens anwenden und die Kraft aus seiner Kontemplation und seinem Erwachen nutzen, um seinen Geist in den unterschiedlichsten Situationen zu erleben. Wenn ein Teil seiner Erfahrung in solchen Situationen mit dem erleuchteten Weg übereinstimmt, dann wird so ein Teil des *Dharmakâya* verwirklicht. Wird ein Teil des verwirrten Denkens aufgelöst, dann wird in diesem Ausmaß seine grundlegende Weisheit manifestiert. Entscheidend ist die nahtlose Fortsetzung der Praxis. Für so jemanden ist es effektiver, wenn er in verschiedenen Lebenssituationen praktiziert.

Unterweisung zu den wichtigsten Punkten der Chan-Meditationspraxis

Die besondere Linie des Chan überträgt das Siegel des Buddha-Geistes. Ursprünglich war das keine besondere Sache. Mit Bodhidharmas Ankunft aus dem Westen wurde die Idee einer exklusiven Übertragung begründet, und die vier Faszikel des *Lankâvatâra-Sutras* wurden zur Grundlage für das Siegel des Geistes. Obwohl Chan eine besondere Überlieferung außerhalb von Schriften darstellte, bringen die Lehren eine entsprechende Erkenntnis hervor, so dass man dann den nicht-dualen Weg der Buddhas und Patriarchen wahrnehmen kann. Auch die meditativen Fähigkeiten, die während der eigenen Untersuchung des Chan angewendet werden, entstammen den Lehren selbst.

Im *Lankâvatâra-Sutra* heißt es: „Wenn man still in den Bergen und Wäldern sitzt, ist man auf den höheren, mittleren und niederen Stufen der Übung in der Lage, den Fluss der falschen Gedanken im eigenen Geist zu erkennen.“ Dies ist die klare Anweisung des von der Welt Geehrten bezüglich formaler Meditation. Es heißt auch: „Sein meditatives Bewusstsein ist eine Manifestation seines eigenen Geistes. Die falschen Zeichen des Erfahrungsstadiums, das man mit der eigenen Selbstnatur verbindet, manifestieren sich als der Ozean der Existenz im Reich von Geburt und Tod. Sie entstehen aus karmischem Handeln, Begierde und Unwissenheit. Durch die Meditation können all solche Ursachen transzendiert werden.“ Dies sind Buddhas klare Anweisungen für das Erwecken des Geistes. Es heißt weiter: „Von allen Weisen der Vergangenheit wurde empfangen und weitergegeben, dass falsches Denken einer innewohnenden Natur entbehrt.“ Auch dies ist ein klarer Hinweis auf das geheime Geistsiegel.

Buddhas Unterweisungen zu den wesentlichen Punkten bei der Chan-Untersuchung wurden fortgeführt, bis Bodhidharma den zweiten Patriarchen mit den Worten belehrte: „Du musst nur alle Bedingungen in die äußere Sphäre entlassen (ausatmen). Dann wird der innere Geist nichts mehr an sich ziehen (einatmen) können. Der Geist wird wie eine Mauer, und du wirst den Weg betreten können.“ Dies war Bodhidharmas erste Lehre bezüglich der Ausführung meditativer Untersuchung. Sie wurde bis zum fünften Patriarchen übertragen. Als dieser einen Dharma-Erben suchte, verkündete Huineng seine Erkenntnis mit den Worten: „Grundsätzlich ist da überhaupt nichts“, und erhielt Robe und Schale. Dies belegte eindeutig die Übertragung des Geistsiegels. Der sechste Patriarch kehrte in den Süden zurück und unterwies Huiming mit den Worten: „Denke nicht an gut oder schlecht – was ist genau dann dein ursprüngliches Gesicht?“ Dies war die erste Lehre des sechsten Patriarchen in der Chan-Untersuchung.

Von diesen Beispielen her wissen wir, dass der Sinn der Überlieferung von Buddha und Patriarchen nur war, einen Menschen fürs Erwachen zu seinem eigenen Geist und zur Erkenntnis der wahren Natur des Selbst zu befähigen. Es gab noch keine Diskussionen um *gong-an* oder *hua-tou.* Alle Patriarchen, die danach kamen, stimmten mit diesen Unterweisungen überein. Meistens gingen sie an den Ort des Zweifels und klopften dort an, um einen Schüler dazu zu bringen, den Kopf zu wenden und seine Denkrichtung zu ändern, ehe alle Gedanken zur Ruhe gebracht wurden. Doch in einigen Fällen nutzte es auch nichts, mit dem Hammer anzuklopfen, und man musste für diese Schüler, die mit der Technik nichts anfangen konnten, eine ihren Umständen gemäße Lehrmethode finden.

Später gab es also die Praxis des *hua-tou* und *gong-an*, die als Hilfsmittel dienten. Der Schüler musste sich ständig das *hua-tou* vergegenwärtigen und sich regelrecht darüber hermachen. Dies trug der Tatsache Rechnung, dass jeder Gedanke die Samen übler Handlungen enthielt, die über unzählige Äonen im achten Bewusstsein angesammelt worden waren. Sie währten fort, so dass falsches Denken nicht abgeschnitten werden konnte. Darum wurden Ausdrücke und Worte ohne Bedeutung benutzt, damit man sich in sie verbiss und sie niederrang.

Zuvor hatte man alles aufs Innere und Äußere bezogene falsche Denken im eigenen Geist auf einen Schlag abgelegt. Doch weil einige dazu nicht in der Lage waren, wurde das *hua-tou* eingeführt, und mit einem Hieb wurden falsche Gedanken durchtrennt, als würde man verwickelte Seidenfäden abschneiden. Das intellektuelle Bewusstsein war nicht länger bestimmend. Dies entspricht Bodhidharmas oben genanntem Prinzip.

Wenn es jemand versäumt, auf diese Art zu üben, wird er sicher nicht sein ursprüngliches Gesicht erkennen. Es geht hier nicht darum, zu lehren, wie man die Bedeutung eines *gong-an* abwägt. Man sollte vielmehr ein Gefühl des Zweifels entwickeln und damit einen Maßstab für die Erkenntnis. Dies entspricht Ta-huis Lehre, das *hua-tou* so zu untersuchen, als beschwöre man eine tödliche List herauf, mit der man den Geist überraschend anfällt. Als Beispiel sagte er: „Wer Chan untersucht, sollte seinen Geist leeren und die beiden Worte ‚Geburt' und ‚Tod' an seine Stirn heften. Man sollte sich fühlen, als hätte man unermessliche Schulden. Bei Tag und Nacht, beim Teetrinken und beim Essen, beim Gehen, Stehen, Sitzen und Liegen, beim Zuprosten unter Freunden, beim Müßiggang und beim Geschäftigsein – stets halte man sich das *hua-tou* vor Augen: ‚Hat ein Hund die Buddha-Natur oder nicht? Chao-chou sagte: *‚Mu!*'"

Man sollte darauf achten, hierhin und dorthin zu schauen, damit es dann, wenn sich der Geschmack des *hua-tou* verliert, so ist, als renne man gegen eine Wand. Kommt man an die Quelle, wo alles zusammenfließt, ist das, als würde eine Maus direkt in ein Ochsenhorn rennen und keinen Ausweg mehr sehen. Die Absicht ist, dass du das eine Wesen des lang währenden und weit ausgedehnten Körper-und-Geistes offenbarst, mit dem man ringt, bis plötzlich die Blume des Geistes ein Strahlen erzeugt, das die Länder der zehn Richtungen erleuchtet. Mit einem einzigen Erwachen gelangt man dann bis an den Grund der Dinge.

Diese Lehre ist der Hammer-Dharma, den der Altehrwürdige Ta-hui angewandt hat. Er wollte, dass du das *hua-tou* nimmst, um damit falsches Denken des intellektuellen Geistes zu blockieren und loszuwerden. Erst wo dieses nicht mehr aktiv ist, kann man sein ursprüngliches Gesicht erkennen. Es geht nicht darum, dass du bewusst über den Sinn eines *gong-an* nachdenkst. Du sollst das Gefühl des Zweifels als Maßstab für die Erkenntnis benutzen. So hieß es auch: „Wenn die Blume des Geistes Licht ausstrahlt, wie könnte dies etwas von einem anderen Erworbenes sein?"

Unterweisungen wie die oben Genannten wurden von allen Buddhas und Patriarchen mit der Absicht gegeben, dass du dich selbst hinterfragst und nicht auf die wundersamen Phrasen anderer starrst. Wenn heutzutage die Rede aufs Untersuchen im Chan und die Anwendung meditativer Fähigkeiten kommt, spricht jeder davon, das *hua-tou* zu durchschauen und ein Gefühl des Zweifels zu erregen, doch kaum einer versteht, dass man zu der eigentlichen Wurzel der Angelegenheit vordringen muss. Darum sind solche Leute nur damit beschäftigt, auf der Stufe des *hua-tou* zu suchen.

Sie suchen Kommen und sie suchen Gehen, dann stellen sie sich plötzlich eine Szene voller Licht vor und behaupten, sie seien erwacht. Sie sprechen einen Vers und präsentieren ein Gedicht, als wären diese besonders exotische Güter. Sie gehen also davon aus, dass sie vollständiges Verständnis erlangt haben, sind sich aber gar nicht bewusst, dass sie ins Netz des Wissens und der Vorstellungen gefallen sind, die auf falschem Denken beruhen. Wenn jemand sich so der Chan-Untersuchung widmet, ist das, als würde er allen, die nach ihm kommen auf dieser Welt, die Augen ausstechen.

Die jüngeren Menschen haben heute noch nicht mal ihre Sitzkissen aufgewärmt, wenn sie schon ihr Erwachen verkünden. Dann verlassen sie sich auf ihr

Mundwerk, beschwören Geister herauf, geben sich schlauen Wortgefechten hin und denken sich närrische Worte und verdrehte Diskurse aus, die völlig haltlos sind. Das Ganze nennen sie auch noch „Ode an die Alten“. So etwas entsteht aus falschem Denken. Haben sie denn die Alten auch nur im Traum gesehen?

Wenn es so einfach wäre, zum Weg zu erwachen, wie es diese Leute behaupten, dann müssen Altehrwürdige wirklich dämlich gewesen sein, die sich durch solch integere Praxis auszeichneten wie Chang-ching, der sieben Sitzkissen verschliss, oder Chao-chou, der seinen Geist dreißig Jahre lang konzentrieren konnte. Diese Meister dürften dann ja der Jugend von heute nicht mal ihre Strohsandalen halten! Wenn jemand aber mit maßloser Überheblichkeit seine Verwirklichung verkündet, ohne sie gemeistert zu haben, ist es da nicht verständlich, wenn sich andere darüber entsetzen?

Die Untersuchung im Chan mittels Einblick ins *hua-tou* und dem Erzeugen eines Gefühls von Zweifel kann nicht kurz abgefertigt werden. Es heißt: „Kleiner Zweifel – kleine Erleuchtung. Großer Zweifel – große Erleuchtung. Vom Zweifel abstehen – keine Erleuchtung.“ Es ist wesentlich, dass man den Zweifel nähren lernt. Wenn man durch den Zweifel einen Durchbruch erlangt, dann kann man mit einem Schwung alle Buddhas und Bodhisattvas an ihren Nasen miteinander verbinden.

Wenn man z. B. das *gong-an* über die Achtsamkeit Buddhas betrachtet, dann untersucht man einfach, wer da des Buddhas gewahr ist. Es geht nicht darum, Zweifel darüber zu hegen, wer der Buddha ist. Wenn dies der Fall wäre, dann müsste man nur dem Redner folgen, der sagt: „Amitâbha wird ‚Grenzenloses Licht' genannt." Danach sollte einer erleuchtet sein und ein paar Verse über das „Grenzenlose Licht" verfassen können. Würden solche Vorfälle als Erwachen zum Weg gelten, dann gäbe es so viele Erleuchtete wie Sesamsamen oder Reiskörner. Wie traurig doch eine solche Sicht ist!

Die Altehrwürdigen sprachen vom *hua-tou* wie von einem Ziegel, mit dem man an eine Tür klopft. Wenn jemand damit die Tür öffnen kann, dann dürfte er die Person im Raum dahinter sehen können. Es geht nicht darum, vor der Tür weiter seine Faxen zu machen. Wenn man sich auf das *hua-tou* verlässt, um Zweifel zu erzeugen, dann richtet man diesen nicht gegen das *hua-tou* selbst, sondern gegen die eigentliche Wurzel dieser Angelegenheit. (...)

Die Alten besaßen die Mittel, große Persönlichkeiten hervorzubringen. In der Vergangenheit, als der Weg erblühte, gab es überall klarsichtige Lehrer, und die Mönche, die Chan untersuchten, waren im ganzen Land zahlreich vertreten. Heutzutage gibt es entweder kaum noch Praktizierende des Chan oder kaum noch Meister. Das Haus des Chan ist verstummt und verlassen. Was für ein Glück, dass auf einmal so viele beschlossen haben, die Suche nach dem Chan aufzunehmen. Doch obwohl es noch einige brauchbare Lehrer gibt, erlauben diese zuweilen Kandidaten von nur minderem Talent, den Weg zu betreten, und diese Schüler meinen sogleich, sie hätten etwas verwirklicht. Sie vertrauen nicht in die heiligen Lehren des So-Gekommenen (Buddha) und suchen nicht nach dem Ursprung des rechten Pfades.

Sie interessieren sich nur für ihr eigenes beschränktes Treiben und halten schließlich ein Stück Wintermelone schon für das wahre Prinzip. So narren sie nicht nur sich selbst, sondern auch andere.

Es gibt auch solche, die sich im Überdruss der Sinnesobjekte ergehen und nicht einmal die offensichtlichsten Gebote einhalten. In ihren aufgewühlten Gedanken verlassen sie sich auf ihre Pfiffigkeit, eignen sich ein paar Fälle der tugendhaften Altehrwürdigen und ihrer Erben an und geben sich dann ganz so, als kämen sie diesen gleich. Sobald sie ein Mitglied der Sangha erblicken, belästigen sie es mit Wortgefechten und sehen sich darin bestätigt, dass sie selbst zum Weg erwacht sind. Ich spreche darüber, da wir uns in einem korrupten Zeitalter befinden, was meine eigenen Schüler nicht ausschließt. Man muss aufpassen, dass nicht ein einzelner Blinder eine Gemeinschaft von Blinden anführt.

Dieser alte Kerl hier legt vertrauensvoll die wesentlichen Punkte der rechten, durch Meditation erworbenen Fähigkeiten aller Buddhas und Patriarchen dar. Jeder kann diese nun beurteilen. Jene erhabenen Eminenzen, die diese Dinge wohl verstanden haben, mögen selbst Wege finden, auf denen sie das Gesagte verbessern können.

Den Geist betrachten

Betrachte, was dein Körper ist:
Nicht du, sondern ein Bild
  im Spiegel des Bewusstseins,
so wie die Reflexion des Mondes im Wasser.

Betrachte, was dein Geist ist:
Nicht die Gedanken und Gefühle,
  die in ihm auftauchen,
sondern der leuchtende wissende Raum,
  der sie beinhaltet.

Wenn kein einziger Gedanke auftaucht,
ist dein Geist offen, einsichtig, heiter und strahlend.
Er ist so vollständig wie der alles umfassende Raum
(die Leere)
und enthält alle Arten wundersamer Aspekte.

Dein Geist kommt weder, noch geht er fort.
Er hat weder besondere Form noch besonderes Sein.
Doch eine große Anzahl nützlicher Eigenschaften
entspringt diesem einen Geist.

Er haftet nicht an materieller Existenz,
doch diese bedeckt ihn.
Darum mach dir keine vergeblichen Hoffnungen,
denn sie führen zu den illusionären Phänomenen.

Betrachte genau diesen Geist,
der wissende Leere ist und nicht ein Ding enthält.
Wenn du plötzlich von Emotionen übermannt wirst,
wird deine Sicht undeutlich
  und deine Erfahrung verworren.

Dann bringe sogleich deine Geistesgegenwart zurück
und sammle all deine Kraft zum Reflektieren.
Die Wolken werden sich zerstreuen,
  der Himmel aufklaren,
die Sonne der Achtsamkeit
  ihr strahlendes Licht aussenden.

Wenn im Innern keine Gedanken
  oder Gefühle auftauchen,
finden sich im Äußeren
  keine beunruhigenden Umstände.
Wo liegt also die ursprüngliche Realität
von allem, was Eigenschaften hat?

Bist du dir eines auftauchenden Gedankens bewusst,
dann löst diese Aufmerksamkeit
  den Gedanken sogleich auf.
Wische jeglichen auftauchenden Geisteszustand fort,
sei gegenwärtig und bewusst, und du wirst frei sein.

Gutes und Böses, Inneres und Äußeres –
wandle sie um, wenn du ihnen dein Herz zuwendest.
Weltliche wie spirituelle Formen
kommen durch deine Gedanken ins Dasein.

Ein Mantra zu sprechen,
den eigenen Geist zu betrachten,
sind Mittel, um den Spiegel der Achtsamkeit
zu polieren.
Sind einmal die Sichttrübungen beseitigt,
haben diese Mittel keinen Nutzen mehr
und können zurückgelassen werden.

Alle großen und tiefen spirituellen Fähigkeiten
sind bereits in deinem Geist vollständig.
Du kannst nach Belieben im Reinen Land
oder im Himmelspalast umherstreifen.

Es ist nicht nötig, die Wahrheit zu suchen,
da dein Geist von Beginn an erleuchtet ist.
Wenn sie reif sind, wirken alle Dinge frisch und neu.
Wirken sie frisch und neu,
sind sie schon von Natur aus reif.

Tag und Nacht ist alles wundersam,
und du wirst Vertrauen in alles haben,
was dir begegnet.
Das oben Gesagte ist,
was du bezüglich des Geistes wissen musst.

Unter den Kiefern
ein paar strohgedeckte Hütten,
vor meinen Augen
überall blaue Berge.
Wo Sonne und Mond
rastlos auf- und untergehen,
kommt und geht
diese träge alte weiße Wolke.

***

Wenn Pflaumenblüten im Schnee
zum ersten Mal ersprießen,
fliegt ein dunkler Duft
vom Ende der Nacht
zur kalten Laterne,
wo ich alleine sitze,
und bläht plötzlich
meine Nasenflügel auf.

***

Durch ein paar Fetzen weißer Wolken
fliegt unbewegt das Buddha-Rad
des leuchtenden Mondes herbei
und leistet mir Gesellschaft
in meiner Bergesstille.
Ich lächle es dort droben an,
über der schmutzigen Welt des Leidens.

***

Es bedurfte nur einer einzelnen Flocke,
um meinen Geist
in dieser eisigen Nacht einzufrieren,
eines bisschen Geklirre unter den bereiften Glocken,
um meine Träume zu zerstören.
Auch der Duft des nächtlichen Ofenfeuers
hat sich aufgelöst.
Doch vor meinem Fenster
türmt sich ein einsamer Gipfel auf.

***

Raue Kälte beißt sich
durch ein Gesicht voller klaren Frostes,
eine steife Brise pfeift
durch einen Schopf übervollen weißen Haares.
Über die Welt fallen Schatten
von Blumen der Leere,
doch von meinen Augen hat sich
der Bann der Dunkelheit aufgelöst.

***

Im *Sch*-Flüstern des Frühlings
höre ich mondesklar den Urpuls Buddhas
mit regloser Zunge
von Westen kommen
und ewiglich sprechen:
Dass ich erneut traurig bin –
wie seltsam!

***

Im dunklen Tal ist
der Orchideenduft überwältigend.
Um Mitternacht schwingt die Mondesform
so elegant vorbei
wie das plötzliche Schlenkern
eines Hirschwedels.
Grundlos zerstört sie
meine Meditation.

***

Wolken am ganzen Himmel verteilt,
Regen zieht vorüber.
Der Schnee schmilzt im kalten Tal,
als der Frühling geboren wird.
Auch wenn sich mein Körper
wie das dahinrauschende Wasser anfühlt,
weiß ich, dass mein Geist
nicht so klar wie Eis ist.

***

In so einem Buddha-Moment
vergaß ich alles durch Versenkung gestillte Erwägen
als ein verwaistes Strahlen auf meine Meditation
schien,
und mich aufrüttelte.
Durch die Leere begleitete ich
einen Lichtblitz,
doch es war nicht derselbe
wie bei diesem Glühwürmchen unter meinen Augen.

***

Ich bin so verfault,
ich sollte diese schwachen Knochen bedauern.
Doch schau – mein Bewusstsein ist wiedergeboren,
mein Geist wird jeden Tag stärker,
mein Rücken ist wie eine Eisenstange,
meine Meditation anhaltend und durchdringend
wie der Abendfrost.

***

Im leeren Tal
ist aller Dreck fortgewischt,
doch dieses bisschen träge Wolke
verweilt.
Ich habe die Kiefernzweige zur Gesellschaft,
und zuckende Hirschwedel
von so viel Rotwild,
dass es beinahe eine Herde genannt werden könnte.

***

Worte sind wie
verzauberter Film auf den Augen,
Chan wie
Staub auf dem Geist.
Doch alle Besonderheiten werden eins
und der Chiliokosmos
heil in meinem Körper
mit einem einzigen Zwirbeln der Lotusblume.

***

Eine stille Nacht,
doch das Glockenläuten will nicht aufhören.
Auf meinem Steinbett wirken
sowohl Träume als auch Gedanken unwirklich.
Ich öffne meine Augen
und weiß nicht, wo ich bin,
bis die Töne der Kiefernwinde
meine Ohren erfüllen.

***

Wie aus einem juwelenbesetzten Spiegel
destillierte reine Klarheit
füllen die Frühlingswasser
die zahlreichen Seen
und spiegeln sich hier auf dem Berg Lu
in meinen Augen wider.
Der Mond über meiner Stirn
wird zu einer leuchtenden Perle.

***

Sechs auf der Lotus-Uhr?
Der Stock ist zu kurz,
und wo ist auf dem Weihrauchstück
das Jahrhundertzeichen?
Tag und Nacht sind wirklich beständig
und halten nirgendwo an.
Wenn man am Morgen Unsterblichkeit erkennt,
hält man den Schössling
der kommenden Blume in den Händen.

***

Obwohl ein Wolkenstreifen
die Talmündung versiegelt,
kratzen tausend Gipfel
seine Leere auf.
In der Mitte stehen
ein paar strohgedeckte Hütten,
in denen tief verborgen
dieser weißhaarige Bergmensch weilt.

***

Wie bedauerlich, die blauen Berge
dauern immer weiter fort.
Dieser alte Weißhaarige ist gelähmt
aus Angst vor künftigen Zeiten
und plant, sich ganz zu verausgaben
in den Schenken unten im Staub.
Wie auch immer, wer hätte schon je
von einem faulen Transzendenten gehört?

***

Am Berghang, traurig
den Nachtregen nippend,
zu den Geräuschen der Kiefern
schnürt der kalte Frost die Kehle zu.
Unterwegs zum Almosengang,
ist dieser Priester Buddhas wie ein müder Vogel,
bis die einer Mottenbraue ähnelnde
Mondsichel ganz neu am Himmel aufgeht.

***

Die Welt erstrahlt
wie ein wässriger Mond.
Mein Körper und mein Geist
glänzen wie Porzellan.
Obgleich ich das Eis schmelzen
und Lawinen abgehen sehe,
werde ich die Blumen des Frühlings
nicht kennenlernen.

***

Vor meiner Tür
ein Bukett aus blauen Bergen,
vor dem Fenster
rascheln gelbe Blätter.
Ich sitze in Meditation,
ohne das geringste Wort,
und schaue zurück auf
vollständig verschwundene Illusionen.

***

Ein Boot aus Blättern
treibt auf einem endlosen Meer.
Dunstige Gewässer, weit und nebelhaft,
die Furt ist schwer zu finden.
Geh zurück in die Berge
und erfülle deine Lebensaufgabe.
Ein abgelegener Ort voller Blumen,
wo die Vögel den Frühling herbeirufen.

***

Wolken zerreißen über dem Land,
Frühlingslicht regt sich.
Ein zarter Duft von Pflaumenblüten –
wo kommt er her?
Ich lehne mich auf meinen Stab,
halte Ausschau nach dem geheimen Tal,
während ein Zweig über der Ostmauer baumelt.

***

Meine Hütte ist nicht größer als eine Schöpfkelle,
doch ich mache darin, was ich will.
Farbige Wolken erheben sich
vor Türen und Fensterflügeln,
Mond und Sterne sind
auf die Veranda gehängt.
Die Gedanken enden,
mein Geist wird still.
Staub löst sich auf,
die Welt ist genau so.
Der Südwind erreicht meine Sitzmatte
und rauscht durch sechs leere Fenster.

***

Ich liebe die Farben einer klaren Nacht,
und im Herbst das Aufkommen erfrischender Luft.
Blätter im Wald,
schwer vom Regen,
Wolken über den Gipfeln,
leicht im Wind.
In stiller Kontemplation
erkenne ich: Da ist kein Ich.

Dank strenger Praxis
bin ich es müde, einen Namen zu haben.
Ich sitze und betrachte den Mond in Leere,
schaue aufmerksam ins einsame Licht.

***

Dieser Dumme Berg[1] läuft nicht rum
und äfft Leute nach.
Er macht nicht den Narren für die Gesellschaft,
sondern sitzt hier allein, zufrieden in Einsamkeit,
vollkommen in Frieden.
So dumm sollte auch ich sein.

***

Ich sah Rauch in die Leere des Raumes aufsteigen.
In diesem klaren Spiegel
habe ich viele Dinge gesehen.
Doch in der vergangenen Nacht
verschluckte ein Drache den leuchtenden Mond,
und in der Dunkelheit erkannte ich,
was ich übersehen hatte.[2]

***

1 Chin. Hanshan.

2 Danach suchte Hanshan in Dankbarkeit seine Eltern in seinem Geburtsdorf auf.

Du wickelst und formst dich passend um mich,
schließt mein Herz ein.
Ich will gar nicht entkommen.
In dir habe ich alles, was ich brauche.
Weißt du, wie schön du bist?
Deine anmutigen Ärmel flattern in der Brise
wie die Flügel eines wilden Schwanes.
Wenn ich dich locker herabfallen lasse,
und der Wind kommt und dich ausfüllt,
dann wirst du zu einer aufgebauschten Wolke,
die mich hinaufträgt, um mit Drachen zu tollen.
In dir geborgen, bin ich frei.
Ich kann kalte Berge erklimmen
und auf ihren Gipfeln herumlungern.
Seide würde mich hinabschicken – du nicht.
Du sagst: „Bleib und mach's dir gemütlich!"
Eine warme Hütte im treibenden Schnee.[3]

***

Solange der Geist taumelt,
wie kann da die Sicht
anders als verschwommen sein?
Halte die Gedanken nur für einen Augenblick an,
und alles wird durchscheinend klar!
Der aktive Geist poliert Schlammziegel,
in der Stille finde den Spiegel!

---

3 Verse für eine Robe.

Kommentar zum Prajnâ-pâramitâ-hrdaya sûtra (Herz-Sutra)

Im Titel bedeutet *prajnâ* „Weisheit" und *pâramitâ* „das andere Ufer erreichen". Die Welt elender Schicksale *(samsâra)* wird mit einem großen Ozean verglichen, die Gefühle und Gedanken fühlender Wesen sind grenzenlos. Die Menschen sind unwissend und verstehen nicht, dass die Wellen ihres Bewusstseins *(vijnâna)* hochschlagen und die Ursache von Illusion und karmischer Handlung sind, die in endlosen Zyklen von Geburt und Tod resultieren. Ihr Leiden ist unerschöpflich, und sie sind nicht in der Lage, sich über den bitteren Ozean der Sterblichkeit ans andere Ufer überzusetzen. Darum spricht man von „diesem Ufer".

Unser Buddha benutzte das Strahlen seiner großen Weisheit, um die Leidenschaften *(klesha)* zu beleuchten und aufzulösen, die von den sechs Sinnesobjekten *(guna)* verursacht sind, und um allem Leiden für immer ein Ende zu machen. Dies bedeutet, dass die zwei Arten des Todes (der natürliche und der gewaltsame) völlig ausgelöscht sind, und es führt zu einem Sprung über den Ozean des Elends zur Verwirklichung von Nirwana. Darum nennt man dies „das andere Ufer".

Der Herzgeist, der im Titel erwähnt ist, stellt das Herz der großen Weisheit dar, die das andere Ufer erreicht. Es handelt sich nicht um den menschlichen Geist, der für falsches Denken benutzt wird. Der Unwissende weiß nicht, dass er von vornherein das strahlende Licht der Weisheit besitzt. Er betrachtet den Muskelklumpen, der mit seinem Fleisch und

Blut verbunden ist, als wirklich, doch erkennt damit nur die Schatten des falschen Denkens und der Habgier, die von den Umständen genährt wird. So einer betrachtet den Körper aus Fleisch und Blut als seinen Besitz und begeht damit alle möglichen üblen Taten *(karma)*. Es folgen in einer unaufhörlichen Kette Gedanken auf Gedanken, ohne dass ein einziger davon zwecks Selbsterkenntnis das Licht nach innen richten würde. Wie könnte jemand, der endlos nichts als Karma und Leiden ansammelt – von Geburt zu Tod und von Tod zu Geburt – sich selbst zum anderen Ufer bringen? Nur der Buddha, ein Heiliger *(ârya)*, war sich der wahren grundlegenden Weisheit bewusst, die Körper und Herz der fünf *skandha* erleuchten und auflösen kann, da sie von vornherein nicht-existent sind und ihre Substanz vollkommen leer ist. Darum sprang er über Erscheinung und erreichte sofort das andere Ufer, womit er den bitteren Ozean überquert hatte. Er zeigte Mitempfinden mit den verwirrten Menschen und verwendete dieses Dharma-Tor, das er persönlich durchschritten hatte, um ihnen die Wahrheit zu offenbaren und sie anzuleiten. Jeder Mensch sollte sich bewusst werden, dass sich seine Weisheit von Beginn an in seinem Besitz befand, seine irrigen Gedanken grundlegend falsch, sein Körper und Geist gänzlich nicht-existent und die Universen nichts als Wandel waren. Um dann üble Taten zu vermeiden und *samsâra* (der Welt von Geburt und Tod) zu entkommen, erhob der Buddha sich aus dem Ozean des Leidens und erlangte die Glückseligkeit des Nirwana. Darum erläuterte er dieses Sutra. Ein Sutra enthält die Worte und die Lehren des Heiligen, das ewige Gesetz (Dharma).

> Als Bodhisattva Avalokitehsvara das tiefgründige *prajnâ-pâramitâ* praktizierte, untersuchte er die fünf *skandha* und fand, dass sie nicht-existent waren, wodurch er sich Befreiung von allem Kummer und Leid sicherte.

Der Bodhisattva war einer, der praktizieren konnte (das Subjektive), und das tiefgründige *prajnâ* war der Dharma, der praktiziert wurde (das Objektive). Die Erkenntnis der Nicht-Existenz der fünf *skandha* war die Methode der Übung. Befreiung von allem Kummer und Leid war die tatsächliche Wirksamkeit der Praxis.

Nachdem er vom Buddha von diesem tiefgründigen *prajnâ* gehört hatte, konzentrierte sich dieser Bodhisattva darauf und praktizierte es, indem er seine Weisheit zur Innenschau der fünf *skandha* nutzte, die innerlich wie äußerlich leer sind. Dies resultierte zum einen in der Erkenntnis, dass Körper, Herzgeist und Universum nicht wirklich existieren, zum anderen in einem plötzlichen Sprung über das Weltliche wie Überweltliche zugleich und im völligen Zerstören allen Leidens – es führte also zu absoluter Unabhängigkeit. Da dieser Bodhisattva sich mittels dieses Dharma selbst loslösen konnte, kann sich nun jeder Mensch darauf stützen und entsprechend praktizieren.

Darum sprach der von der Welt Geehrte bewusst Shâriputra an, um Avalokiteshvaras wundervollen Einsatz herauszustellen, von dem er wollte, dass alle ihn kannten. Wenn wir auf die gleiche Art kontemplieren, werden wir im Nu verstehen, dass unser Herzgeist von Grund auf das Strahlen der Weisheit besitzt, so weit, ausgiebig und durchdringend, dass er die fünf *skandha* erhellt, die von vornherein leer, und die vier Elemente (Feuer, Erde, Wasser, Luft), die nicht-existent sind.

Gab es etwa Leiden, das nach dieser Erkenntnis nicht getilgt werden konnte? Wo waren denn die Karma-Fesseln, die einen banden? Wo war das sture Festhalten an Ego und Persönlichkeit, an richtig und falsch? Wo war die Unterscheidung zwischen Versagen und Erfolg, zwischen Gewinn und Verlust? Und wo waren die Verstrickungen in Dinge wie Reichtum, Ehre, Armut und Schmach? So also sah die wahre Wirksamkeit des Studiums von *prajnâ* dieses Bodhisattvas aus.

Die fünf *skandha* sind: Form *(rûpa)*, Gefühle *(vedanâ)*, Wahrnehmung *(sanjnâ)*, Geistesfunktion *(samskâra)* und Bewusstsein *(vijnâna)*. Die Untersuchung geht vom *prajnâ* aus, das über das Subjektive nachsinnen kann, während die fünf *skandha* Objekte darstellen, über die nachgesonnen wird. Die Erkenntnis, dass die fünf *skandha* leer sind, beweist die tatsächliche Wirkkraft dieser Methode.

Shâriputra!

So hieß ein Schülers Buddhas. Shâri ist der Name eines Vogels mit strahlenden und scharfen Augen. Die Mutter dieses Schülers hatte die gleichen strahlenden und scharfen Augen und war nach dem Vogel benannt worden. Daher kam also der Name dieses Sohnes einer Frau mit Shâri-Augen. Unter Buddhas

Schülern war er der weiseste. Dieses Tor des *prajnâ*-Dharma war das tiefgründigste, und nur einer von größter Weisheit konnte es erfassen und verwirklichen. Darum wurde Shâriputra persönlich angesprochen, diese Rede konnte nur einem weisen Zuhörer gehalten werden.

> Form *(rûpa)* ist nicht von Leere *(shûnya)* verschieden, noch Leere von Form. Form ist identisch mit Leere, Leere identisch mit Form. Das Gleiche gilt für Gefühle *(vedanâ)*, Wahrnehmung *(sanjnâ)*, Geistesfunktion *(samskâra)* und Bewusstsein *(vijnâna)*.

Dies sollte Shâriputra die Bedeutung der Leere der fünf *skandha* erklären. Von diesen wurde zunächst die Form herausgestellt. Sie ist die Erscheinung *(lakshana)* des menschlichen Körpers, den der Mensch als Besitz ergreift. Er wird durch Kristallisation seines hartnäckigen und fortdauernden falschen Denkens erzeugt und durch das Festhalten am Konzept eines Egos, das am schwierigsten von allen aufzulösen ist.

Zu Beginn der Meditation sollte diesem physischen Körper Aufmerksamkeit geschenkt werden, der eine eingebildete Kombination der vier Elemente darstellt und grundsätzlich nicht-existent ist. Da seine Substanz gänzlich leer ist, innerlich wie äußerlich, lässt man sich nicht mehr im Körper gefangen nehmen und hat dann kein Hindernis mehr in Bezug auf Geburt und Tod sowie Kommen und Gehen. Dies ist die Methode, das erste *skandha* der Form aufzulösen. Wenn dies geschehen ist, können die übrigen vier *skandha* auf gleiche Weise der tiefgründigen Innenschau unterzogen werden.

Die Lehre von der Form, die sich nicht von Leere unterscheidet, hatte zum Ziel, den Glauben der Menschen zu zerstören, ihre Persönlichkeit sei von Dauer. Diese Menschen meinten, ihr physischer Körper sei wirklich und beständig, und sie planten für ein Jahrhundert im Voraus, ohne zu erkennen, dass der Körper unwirklich und nicht-existent ist, von Augenblick zu Augenblick ohne Unterbrechung bis zum Tod den vier Wandlungen (von Geburt, Krankheit, Alter und Sterben) unterliegt und also unbeständig genannt werden muss und schließlich in die Leere zurückkehrt – in die relative Leere in Bezug auf Geburt und Tod, die noch nicht das grundlegende Gesetz, also die absolute Leere, meint. Die illusorische Form, die aus den vier Elementen besteht, unterscheidet sich nicht grundlegend von der absoluten Leere. Da Weltlinge dies nicht wissen, sagte der Buddha: „Form unterscheidet sich nicht von Leere", und meinte damit, dass der physische Körper nicht grundlegend von der absoluten Leere verschieden ist.

Als der Buddha sagte: „Leere unterscheidet sich nicht von Form", war seine Absicht, das Konzept der Auslöschung *(ucchedadarshana)*[4] zu zerstören, das von Häretikern, *shrâvaka* (Hörern) und Pratyekabuddhas (durch sich selbst Erwachte) vertreten wurde.

Die Häretiker erkannten nicht, dass der physische Körper durch Karma geschaffen wird und dieses Karma wiederum vom Herzgeist, was zu einer ununterbrochenen Bewegung des Lebensrades in den

4 *ucchedadarshana:* die Ansicht, dass mit dem Tod das Leben endet, im Gegensatz zur Vorstellung überdauernder Persönlichkeit (beide Ansichten galten als heterodox).

drei Zeiten (Vergangenheit, Gegenwart und Zukunft) führt. Sie begriffen das Prinzip der Beziehung zwischen Ursache und Wirkung in den drei Zeiten nicht und hegten die Ansicht, dass nach dem Tod reiner Dunst in den Himmel zurückkehre, unreiner Dunst zur Erde und die wirkliche spirituelle Natur ins Universum. Wenn diese Ansicht stimmte, gäbe es überhaupt kein Gesetz der Vergeltung, gute Taten wären vergeblich und üble Taten brächten Nutzen. Würde die spirituelle Natur zurück ins Universum gehen, hätten gute und böse Taten keine Wirkkraft und würden verschwinden, ohne eine Spur zurückzulassen. Was wäre das für ein Unglück!

Konfuzius sagte[5]: „Die wandernde Seele in ihrer Wandlung kann die Bedingungen von Geistern und Gespenstern erkennen." Dies zeigt, dass der Tod keine Auslöschung bedeutet und das Gesetz der Vergeltung und Seelenwanderung wirkt. Weltlinge forschen nicht in dieser Richtung, doch nichts ist trügerischer als ihre willkürliche Idee von der Auslöschung.

Was *shrâvaka* und Pratyekabuddhas angeht, so praktizieren sie zwar Buddhas Lehre, erkennen aber nicht, dass die dreifache Welt vom Herzgeist allein geschaffen wird und alle Dinge vom Bewusstsein *(vijnâna)* erzeugt werden. Sie verstehen nicht, dass Geburt und Tod wie eine Illusion und ein Wandel sind. Für sie existiert die dreifache Welt (der Begierde, Form und Formlosigkeit) tatsächlich. Sie halten diese Welten der Existenzen für Gefängnisse und sind den vier Arten der Geburt (aus dem Ei, dem

5 Hanshans Schüler waren zuvor überwiegend vom Konfuzianismus beeinflusst worden.

Schoß, der Feuchtigkeit und durch Wandel) abgeneigt, die sie für wirkliche Fesseln halten. Sie verschwenden nicht einen Gedanken an die Befreiung der Lebewesen, bleiben in der Leere versunken und stagnieren in der Stille. Da sie von Ruhe und Auslöschung (unvollständigem Nirwana) verschlungen waren, sagte der Buddha: „Leere unterscheidet sich nicht von Form.“ Absolute Leere ist also grundsätzlich nicht von illusionärer Form verschieden; relative und auslöschende Leere hingegen sieht sich im Widerspruch zur Form.

Weisheit *(prajnâ)* erkennt folglich die absolute Leere der Realität. Die absolute Leere von *prajnâ* wird mit einem großen Spiegel verglichen, in dem alle Arten von Form und Erscheinungen reflektiert werden. Wenn man erkennt, dass diese Reflektionen nicht vom Spiegel getrennt sind, wird man ohne Weiteres die Bedeutung dieses Satzes verstehen: Leere unterscheidet sich nicht von Form. Der Zweck war also, damit die falsche Sicht der *shrâvaka* und Pratyekabuddhas, die relative und auslöschende Leere im Kontrast zu Form sahen, sowie die falsche Anschauung der Häretiker über die leere Leere zu zerstören.

Der Buddha war besorgt, dass Weltlinge die beiden Worte Form und Leere für zwei verschiedene Dinge halten und in ihrer Kontemplation keinen unparteiischen Geist haben könnten. Er setzte daher Form und Leere miteinander gleich.

Bei rechter Kontemplation und der nachfolgenden Erkenntnis, dass Form nicht verschieden von Leere ist, wird es keine Gier mehr nach Tönen, Form, Reichtum und Gewinn geben, und kein Anhaften an die Leidenschaften der fünf Begierden (die den Objekten der fünf Sinnesorgane entspringen). Das Ziel ist die unmittelbare Befreiung der Weltlinge von ihren Leiden.

Wenn Leere als identisch mit Form erkannt ist, wird Respekt gebietendes Verhalten entstehen, das den Zustand von *samâdhi* (Versenkung) nicht beeinflusst. Es wird Akte der Befreiung von Lebewesen geben, die nicht von der unabänderlichen Realität abweichen. Es wird Verweilen in der Leere geben, trotz der überschäumenden Gefühle aller Arten von Erlösung, und es wird Kontakt mit dem Existierenden geben, während der Eine Weg (die Buddha-Natur) rein und klar bleibt. All dies bedeutet den sofortigen Sprung über alles, woran sich Häretiker, *shrâvaka* und Pratyekabuddhas klammern.

Wenn Form und Leere als identisch erkannt werden, wird in diesem Zustand universeller Soheit die Befreiung von Lebewesen nicht mehr als solche gesehen, obwohl man jeden Gedanken der Erlösung jener Wesen widmet, und es wird keine Buddhafrucht mehr zu erlangen sein, obwohl sich der Herzgeist ganz der Suche nach Buddhaschaft verschrieben hat. Dies ist die Vervollkommnung des Einen Herzgeistes ohne einen Gedanken an Weisheit oder Gewinn. Es handelt sich um einen Sprung über die Bodhisattva-Stufe auf die Stufe Buddhas. Dies ist das andere Ufer.

Wenn Form auf diese erfolgreiche Art kontempliert wird, dann fügen sich auch die anderen *skandha* ins rechte Denken ein und sind vollkommen. Dies entspricht der „Befreiung aller sechs Sinnesorgane (einschließlich des Denkens), indem einer von ihnen an seine Quelle (die Eine Wirklichkeit) zurückgekehrt ist". Der Buddha sagte: „Die gleiche Beziehung zur Leere haben Gefühle, Wahrnehmung, Geistesfunktion und Bewusstsein."

Wenn das Obige erreicht wird, werden alle Leiden sofort abgeschnitten, die Buddha-Frucht wird erreichbar und das andere Ufer ist nicht weit. All dies hängt einzig vom Meditierenden ab, der zur Zeit eines Gedankens die rechte Kontemplation des Herzgeistes verwirklichen kann. Ist ein solcher Dharma nicht äußerst tiefgründig?

> Shâriputra, die Leere *(shûnya)* aller Dinge ist nicht geschaffen, nicht ausgelöscht, nicht unrein, nicht rein, nicht anwachsend, nicht abnehmend.

Weil der Buddha besorgt war, dass Weltlinge mit ihrem menschlichen *samsâra*-Herzen diesen echten Dharma der wahren Weisheit *(prajnâ)* absoluter Leere so interpretieren würden, dass er auch den Dharma von Geburt und Tod, Reinheit und Unreinheit, Anwachsen und Abnehmen enthalten würde, sprach er zu Shâriputra und erläuterte ihm, dass die Wirklichkeit der absoluten Leere nicht dem Dharma von Geburt und Tod, Reinheit und Unreinheit, Anwachsen und Abnehmen entspricht, da letztgenannte Lehre zum Reich von Gefühl und Wahrnehmung der Lebewesen gehöre. Die Essenz der Wirklichkeit des wahren *prajnâ* von Buddhas absoluter Leere ist durch und durch rein und klar, wie das All. Es handelt sich um den überweltlichen Dharma. Darum verwendete Buddha das Wort „nicht", um die Ideen und Irrtümer der anderen zu negieren und nacheinander auszuräumen, und um zu offenbaren, dass die fünf *skandha* nichts anderes als die Wirklichkeit der absoluten Leere sind.

> In der Leere ist keine Form, kein Gefühl, keine Wahrnehmung, keine Geistesfunktion und kein Bewusstsein. Dort ist kein Auge, kein Ohr, keine Nase, keine Zunge, kein Körper und kein Geist. Dort ist weder Form noch Ton, Geruch, Geschmack, Gefühl oder Gedanke. Dort sind vom Reich des Sehens bis zu dem der Gedanken *(vijnâna)* keinerlei Sinnesbereiche *(dhâtu)*. Dort gibt es von Unwissenheit *(avidyâ)* und ihrem Ende bis zu Alter und Tod *(jarâmarana)* und ihrem Ende keine zwölfgliedrige Kette des bedingten Entstehens *(nidâna)*. Dort gibt es keine vier edlen Wahrheiten und weder Weisheit noch Erlangen.

Diese ausführliche Erläuterung von *prajnâ* will mit allen Irrtümern aufräumen. Die wahre Leere von *prajnâ* kann alle Irrtümer beseitigen, weil sie rein und klar ist und nicht ein einziges Ding enthält, denn es gibt in ihr keine Spuren von den fünf *skandha*, den sechs Sinnesorganen, den sechs Sinnesobjekten oder den sechs Bewusstseinsarten. Der Bereich der sechs Sinnesorgane mit Gefühlsobjekten und Bewusstseinsarten ist der Dharma der Weltlinge. Solche Dinge haben keinen Platz in der absoluten Leere von *prajnâ*. Der Buddha sagte darum, dass all diese Dinge nicht in der absoluten Leere sind. Diese ist folglich jenseits des Dharma der Weltlinge. Innerhalb von *prajnâ* gibt es aber nicht nur keinen Dharma der Weltlinge, sondern auch keinen der Heiligen *(ârya)*.

Die vier edlen Wahrheiten und die zwölf Glieder des bedingten Entstehens wie auch die sechs Vervollkommnungen *(pâramitâ)* sind der überweltliche Dharma der Heiligen der Drei Fahrzeuge.

Die vier edlen Wahrheiten – Leiden *(duhkha)*, Ansammlung von Leiden *(samudaya)*, Auslöschen der Leidenschaften *(nirodha)* und der Weg *(mârga)* – lehren Abneigung gegen Leiden, das Vernichten der Ansammlung von Leiden, die Sehnsucht nach dem Auslöschen der Leidenschaften und die Übung nach der Doktrin des Weges. Dies ist der Dharma der *shrâvaka*.

Die zwölf Glieder in der Kausalkette bedeuten: Aus Unwissenheit *(avidyâ)* entstehen: Neigungen *(sanskâra)*; aus Neigungen: Bewusstsein *(vijnâna)*; aus Bewusstsein: Name und Form *(nâmarûpa)*; aus Name und Form: die sechs Sinnesorgane *(sadâyatana)*; aus den sechs Sinnesorganen: Kontakt *(sparsha)*; aus Kontakt: Empfindung *(vedanâ)*; aus Empfindung: Begehren *(trishnâ, tarsha)*; aus Begehren: Anhaften *(upâdâna)*; aus Anhaften: Werden/Existenz *(bhava)*; aus Werden: Geburt *(jâti)*; aus Geburt: Alter und Tod *(jarâmarana)*. Diese zwölf Glieder sind identisch mit den ersten beiden edlen Wahrheiten, Leiden *(duhkha)* und der Ansammlung von Leiden *(samudaya)*. Die beiden Enden dieser Kette – Unwissenheit sowie Alter und Tod – sind die Tore zur Auslöschung und sind identisch mit der dritten und vierten edlen Wahrheit von der Auslöschung der Leidenschaften *(nirodha)* und dem Weg *(mârga)*. Dies ist der Dharma der Pratyekabuddhas.

Die Essenz von *prajnâ* enthält keine Dinge wie die oben genannten zwei Lehren, und in ihrer Tiefgründigkeit enthält sie nicht nur keinen Dharma von *shrâvaka* und Pratyekabuddhas, sondern auch keinen Dharma der Bodhisattvas. Wie das? Weil Weisheit der Bodhisattvas kontemplierende Weisheit ist – also die Weisheit aus den sechs *pâramitâ* (Vervollkommnungen) – und dem Herzgeist entspricht, der das Subjektive sucht. Erlangen ist die Buddha-Frucht, das gesuchte Objekt(ive). Bei der Selbstkultivierung des Bodhisattvas ist am wichtigsten diejenige Weisheit, die darin besteht, Lebewesen hier auf Erden mit dem einzigen Zweck zu bekehren, dass sie die Buddha-Frucht des Himmels annehmen können.

Das Reich Buddhas hingegen ist wie die Leere und stützt sich auf nichts. Wenn das Streben nach Buddhaschaft sich auf ein Herz verlässt, das nach Erlangen sucht, dann wird das Ergebnis nicht wahrhaftig sein, denn in der Essenz der absoluten Leere von *prajnâ* gibt es im Grunde keine solchen Dinge wie Weisheit und Erlangen. So sagte der Buddha: „Es gibt weder Weisheit noch Erlangen." Tatsächlich ist der wirkliche und letztendliche Nutzen die Nutzlosigkeit.

> Aufgrund dieser Nutzlosigkeit tragen Bodhi-sattvas, die sich auf *prajnâ-pâramitâ* stützen, keine Hindernisse im Herzen, und darum auch keine Furcht. Sie sind frei von widersprüchlichen und täuschenden Gedanken und erlangen das endgültige Nirwana.

Da die Buddha-Frucht nur auf dem Weg der Nutzlosigkeit erworben werden kann, sollten Bodhisattvas sich bei ihrer Selbstkultivierung und Meditation auf *prajnâ* verlassen. Alle Dinge sind grundsätzlich im Zustand von Nirwana. Wenn Meditation geübt wird, während man sich auf unterscheidende Gefühle und ebensolches Denken stützt, dann werden Geist und Objekte einander binden und können in der Folge nicht mehr von den eifrigen Begierden entwirrt werden, die allesamt Hindernisse darstellen. Findet die Meditation jedoch mittels der wahren Weisheit von *prajnâ* statt, dann resultieren alle Kontakte von Herzgeist und Objekten nur in Befreiung, da sie in *prajnâ* nicht-existent sind. Folglich sagte der Buddha: Wenn man sich auf *prajnâ* verlässt, wird der Herzgeist keine Hindernisse haben. Deshalb kann auch keine Furcht vor Geburt und Tod aufkommen. Und darum gibt es wiederum keine Buddha-Frucht zu suchen, da sowohl die Furcht vor Geburt und Tod als auch die Suche nach Nirwana widersprüchliche und irrige Ideen sind.

Das „Sutra der vollkommenen Erleuchtung" sagt: „*Sâmsara* und Nirwana kann man mit gestrigem Traum vergleichen." Ohne vollkommene Kontemplation mittels *prajnâ* kann man diese widersprüchlichen und täuschenden Gedanken jedenfalls nicht ausmerzen, und wenn dies nicht geschieht, ist es unmöglich, das endgültige Nirwana zu erlangen.

Nirwana bedeutet: Vollkommene Stille, oder: Stille und Beenden (der Reinkarnation), mit anderen Worten das vollkommene Beseitigen der fünf grundlegenden Zustände[6] (von Leidenschaft und Illusion)

6 (1) Übliche falsche Ansichten der dreifachen Welt; (2) Anhaften in der Welt des Begehrens, (3) der Welt der Form, (4) der formlosen Welt (die noch vergänglich ist); (5) das Stadium des Unerwachtseins oder der Unwissenheit in der dreifachen

und die ewige Freude der Stille und des Auslöschens (von Leiden). Es ist Buddhas Rückkehr zur höchsten Frucht. Es bedeutet, dass man nur durch Abwerfen jedes Gefühls bezüglich Heiligen und Sündern den Eintritt ins Nirwana erfahren kann. Die Selbstkultivierung eines Bodhisattvas durch andere Methoden wäre nicht richtig.

> Alle Buddhas der Vergangenheit, Gegenwart und Zukunft erlangten vollständige Sicht und vollkommene Erleuchtung *(anuttara-samyak-sambodhi)*, indem sie sich auf *prajnâ-pâramitâ* stützten. Von daher wissen wir, dass *prajnâ-pâramitâ* das große übernatürliche Mantra ist, die große, strahlende, unübertroffene und unvergleichliche mystische Formel, die wahrlich und ohne Fehl alles Leiden beenden kann.

Nicht nur Bodhisattvas praktizieren gemäß *prajnâ*, auch alle Buddhas der drei Zeiten übten sich darin, um die Frucht der höchsten und vollkommenen Erleuchtung zu erlangen: *anuttara-samyak-sambodhi*. Dies bedeutet: *a(n)* – nicht; *uttara* – übertroffen; *samyak* – universell richtig; *sambodhi* – vollkommene Erleuchtung. Es ist der endgültige Ausdruck für die Buddha-Frucht.

All dies zeigt, dass *prajnâ-pâramitâ* den Dämon der geistigen Pein *(klesha)* aus der Welt *(samsâra)* vertreiben kann, weshalb man vom großen übernatürlichen Mantra spricht. Es kann die Dunkelheit des Unwissens beseitigen – die Ursache von Geburt und Tod – und wird daher als großes strahlendes Mantra be-

---

Welt, das die eigentliche Ursache aller peinigenden Illusionen ist.

zeichnet. Weil es keinen weltlichen oder überweltlichen Dharma gibt, der es übertreffen könnte, nennt man es: unübertroffenes Mantra. Da *prajnâ* alle Buddha-Mütter in die Lage versetzt, jedes grenzenlose Verdienst zu erzeugen, und da kein irdisches oder überirdisches Ding ihm gleichkommen kann – während es selbst doch all diesem gleich ist –, wird es das unvergleichliche Mantra genannt.

Was Mantra genannt wird, ist nicht verschieden oder getrennt, sondern genau dieses *prajnâ*. Warum wird es auch Mantra genannt, wenn es doch schon als *prajnâ* bezeichnet wurde? Dies soll nur die Geschwindigkeit seiner übernatürlichen Wirkkraft unterstreichen, die wie der geheime Befehl in einer Armee den Sieg sicherstellen kann, wenn er im Stillen ausgeführt wird. *Prajnâ* kann die Armee der Dämonen in der Welt auflösen und wird mit Nektar *(amrta)* verglichen, der Unsterblichkeit verleihen kann. Wer *prajnâ* schmeckt, kann das größte Unheil bannen, das durch Geburt und Tod verursacht wird. Darum sagte der Buddha: „Es kann alles Leiden beenden." Als er es wahr und ohne Fehl nannte, meinte er damit zum einen, dass seine Worte nicht täuschen, und zum anderen, dass Weltlinge kein Misstrauen gegen *prajnâ* hegen, sondern sich seiner Praxis widmen sollten.

Also sprach der Buddha das *prajnâ-pâramitâ*-Mantra:

Prajnâ hat wirklich die Macht, Leiden zu tilgen und Glückseligkeit zu bringen. Das Mantra wurde gelehrt, damit Lebewesen es im Stillen aufrechterhalten und so Kraft gewinnen können.

Gate, gate, pâragate, pârasamgate Bodhi Svâhâ.

Dies ist Sanskrit. Bevor das Mantra gelehrt wurde, lehrte man *prajnâ* exoterisch (allgemeinverständlich), nun jedoch lehrt man es esoterisch (für Eingeweihte). Hier ist kein Raum für Denken und Interpretieren. Es gibt nur das stille Wiederholen des Mantras, das schnelle Wirksamkeit garantiert. Diese wird durch die unfassbare Macht möglich, welche im Abwerfen aller Gefühle und im Beenden aller Deutungen liegt. Dieses *prajnâ*, das rasches Erlangen ermöglicht, ist das Licht des Herzgeistes, den jeder Mensch besitzt, und wird von allen Buddhas durch ihre übernatürlichen Kräfte und wundervollen Taten verwirklicht. Lebewesen, die sich darüber täuschen, erzeugen durch ihr falsches Denken nur Befleckungen *(klesha);* obwohl dies täglich geschieht, sind sie sich dessen nicht bewusst, und in Unkenntnis ihrer eigenen grundlegenden Wirklichkeit widerfahren ihnen sinnlos alle Arten von Leiden. Ist das nicht bedauernswert? Wenn sie unverzüglich zu ihrem eigenen Selbst erweckt werden könnten, würden sie sofort das Licht nach innen auf sich richten. In einem Gedankenmoment würden dann mittels ihrer einvernehmlichen Selbstkultivierung alle Schranken durch Gefühle in dieser Welt zerbrochen, so wie das Licht einer Lampe einen Raum erhellt, der tausend Jahre in Dunkelheit lag. Darum ist es unnötig, irgendeine andere Methode zu nutzen.

Wenn wir bei unserer Bestimmung, *samsâra* zu verlassen, nicht auf *prajnâ* zurückgreifen, dann werden wir keine anderen Mittel finden. Darum heißt es, in der Mitte vom Ozean des Leidens ist *prajnâ* die Fähre, und in der Dunkelheit des Unwissens ist *prajnâ* das Licht.

Weltlinge schreiten auf einem gefährlichen Pfad und treiben auf einem rauen Ozean. Dennoch sind sie nicht gewillt, nach *prajnâ* Ausschau zu halten. Ihre Absichten sind in der Tat unverständlich. *Prajnâ* ist wie ein Schwert, das alle Dinge, die mit ihm in Berührung kommen, so zerschneidet, dass sie nicht einmal bemerken, wie sie getroffen wurden. Wer außer Weisen und Heiligen könnte davon Gebrauch machen? Gewiss nicht die Unverständigen.

Zen und reines Land

„Buddha-Rezitation ist Zen.
Kein Bodhisattva gibt nach dem Erwachen
das Gewahrsein der Buddhas auf.“

Als der Buddha Shâkyamuni in der Welt weilte, verbreitete er den Dharma und bekehrte fühlende Wesen. Die gesamte vierfältige Versammlung (Mönche, Nonnen, männliche und weibliche Laien) erlangte die Wohltat der Lehre. Er unterwies die Menschen gemäß ihrer Fähigkeiten mithilfe verschiedener geschickter Mittel, so dass sie alle Zufriedenheit und Weisheit erreichen konnten. So wie Regen zur rechten Zeit Bäume und Gras befeuchtet und wachsen lässt, so konnten die fühlenden Wesen daraus Nutzen ziehen und sich entwickeln.

Es gibt zahllose Methoden, doch sie entstammen alle der gleichen Quelle. Da fühlende Wesen allesamt die Buddha-Natur besitzen, gibt es niemanden, der nicht gerettet werden könnte. Da sie den gleichen innewohnenden Geist haben, kann ihn auch jeder kultivieren. Doch die meisten fühlenden Wesen sind verwirrt und es mangelt ihnen an Weisheit. Sie benötigen wahre Lehrer, um angeleitet zu werden, da sie sonst im Ozean des Leidens zu ertrinken drohen.

Als Huineng, der sechste Patriarch, dem fünften Patriarchen begegnete, fragte dieser ihn: „Woher kommst du?“ Huineng antwortete: „Ich komme aus Ling-Nan (in Südchina).“ Der fünfte Patriarch fragte: „Haben auch die Barbaren im Süden die Buddha-Natur?“ Huineng erwiderte: „Die Leute unterscheiden in Norden und Süden, doch die Buddha-Natur kennt keine Himmelsrichtungen.“

Seit diese Worte wie Donner, der alle aus dem Winterschlaf aufwecken will, ertönten, haben sie sich in der ganzen Welt verbreitet. Doch nur wenige haben sie verstanden, und noch weniger sind erwacht. Es ist nun mehr als tausend Jahre her, dass Chan aus Südchina durch den sechsten Patriarchen im ganzen Land verbreitet wurde, und noch immer fehlt es vielen an Einsicht. Darum werden das *samâdhi* (die Versenkung) der Buddha-Rezitation – die konzentrierte Wiederholung von Amitâbha Buddhas Namen – sowie die Visualisierung von Buddha noch immer gelehrt.

Um Reines-Land-Buddhismus zu praktizieren, muss man den Zustand des Leidens hassen und im Reinen Land Amitâbha Buddhas wiedergeboren werden wollen. Man soll täglich die Buddha-Rezitation praktizieren, sich vor Amitâbha verneigen und Sutras rezitieren, um schlechtes Karma zu tilgen. Übende müssen festes Vertrauen haben, ihr schlechtes Karma Tag für Tag mindern und geloben, im Westlichen Reinen Land wiedergeboren zu werden. Wer auf solche Weise praktizieren kann, selbst wenn er in der Sahâ-Welt von Geburt und Tod lebt, wird seiner Übung ein bedeutungsvolles Ziel verleihen.

Das Wort „Buddha" bedeutet erleuchtet. Alle fühlenden Wesen haben dieselbe Buddha-Natur, darum kann jeder erleuchtet werden. Wer bezüglich der Buddha-Natur verwirrt ist, ist ein fühlendes Wesen. Wer zur Buddha-Natur erwacht ist, wird Buddha genannt. Wenn man Buddhas Namen rezitiert, ist Buddha Amitâbha die eigene Selbst-Natur, das Reine

Land ist das selige Land des eigenen Geistes. Wer konzentriert Gedanke auf Gedanke Buddhas Namen rezitieren kann und sich dabei immer tiefer versenkt, wird stets Amitâbha Buddha in seinem eigenen Geist auftauchen sehen. Es ist nicht nötig, das Reine Land in der Ferne zu suchen, jenseits Milliarden anderer Buddha-Länder. Ist der Geist also rein, dann ist das Land rein. Ist der Geist befleckt, dann ist das Land befleckt. Wenn ein übler Gedanke im Geist auftaucht, dann auch viele Hindernisse. Erscheint ein guter Gedanke, herrscht überall Frieden. Himmel und Hölle sind also im eigenen Geist.

Alle guten Menschen sollten ihre Zukunft und die große Angelegenheit von Geburt und Tod erwägen. Die Zeit vergeht schnell, und ist der menschliche Körper einmal verloren, kann er selbst in zehntausend Äonen nicht wiedererlangt werden. Es ist, als würden Sonne und Mond so schnell den Himmel überqueren wie die Finger einer Weberin am Webstuhl arbeiten. Die Zeit kann nicht auf euch warten. Wenn der letzte Moment kommt, wird es zu spät für Reue sein, sie wird euch nichts mehr nutzen. Darum solltet ihr euch alle um die Übung bemühen.

Die Sutras lehren, dass gewöhnliche Menschen, Weise und Heilige alle gleich sind. Es gibt keinen Unterschied in ihrer innewohnenden Natur. Nur in Befleckung oder Reinheit unterscheidet sich ihr Geist. Darum heißt es: „Geist, Buddhas und fühlende Wesen sind nicht voneinander verschieden.“ Ein Reiner Geist ist Buddha, ein befleckter Geist ist fühlendes Wesen. Buddhas und fühlende Wesen unterscheiden sich nur durch das Beseitigen oder Nicht-Beseitigen ihrer Befleckungen des Geistes.

Der Geist ist von Natur aus rein, wird aber von Gier, Hass, Dummheit, Arroganz, den fünf Begierden und zahlreichen Täuschungen behindert. Darum werden diejenigen mit solchem Geist fühlende Wesen genannt. Wenn Befleckungen abgelegt sind und der Geist rein wird, ist dies Buddhaschaft. Es ist nicht nötig, von anderen abhängig zu sein.

Freilich tragen fühlende Wesen seit Äonen schweres Karma und hartnäckige Leiden mit sich herum, die nur schwer zu klären sind. Dazu bedarf es Kultivierung, etwa in Form von Meditation, indem man an einem *hua-tou* arbeitet oder den Buddha-Namen rezitiert. Es gibt also viele geschickte Wege für die Praxis, die allesamt Medizin für die Krankheiten des Geistes darstellen. Ein Spiegel zum Beispiel, der von Natur aus strahlt, kann nichts reflektieren, wenn er von Staub bedeckt ist. Um seine Strahlkraft wiederherzustellen, benötigt man ein Reinigungsmittel. Doch auch dieses ist nur Staub, obwohl es andere Dinge von Staub befreien kann. Ist der Spiegel erst glänzend, gibt es keine Verwendung mehr für den Reiniger. Es ist wie mit Gold in seinem Erz, das noch mit Dreck, Sand und Gestein bedeckt ist – nachdem das Erz verhüttet wurde und reines Gold hervorgetreten ist, gibt es keinen Grund mehr, es noch einmal zu schmelzen.

Es ist schwer, den befleckten Geist loszuwerden, der fühlende Wesen kennzeichnet. Durch eifrige Übung wird es jedoch möglich. Ist es gelungen, erscheint der strahlende und unbefleckte Geist. In diesem Sinne ist zu verstehen, dass alle fühlenden Wesen von Natur aus Buddhas sind. Das heißt aber nicht, dass man inmitten von Kummer und Befleckung sich selbst überall als Buddha darstellen könnte.

Die Sitzmeditation und die Arbeit an einem *hua-tou* sind wichtige Methoden zum Erleuchten des Geistes. Leider praktizieren heute nur noch sehr wenige Menschen sorgfältig genug. Sie haben flache Wurzeln und können sich darum nicht auf die Praxis konzentrieren. Ohne einen guten Lehrer werden sie leicht auf Abwege geführt.

Darum sollten wir die Buddha-Rezitation und Chan gemeinsam praktizieren. Dies ist ein angemessener und sicherer Zugang. Wer Buddha-Rezitation praktizieren und beobachten kann, woher Amitâbha kommt und wohin er geht, wird mit der Zeit begreifen, was Amitâbha repräsentiert. Dies wird seiner angeborenen leuchtenden Weisheit erlauben, sich zu offenbaren. Es ist nicht verschieden von der Meditation über ein *gong-an* (Kôan) oder *hua-tou*. Anstrengung und Sorgfalt sind bei der Übung jedoch unentbehrlich.

Wenn jemand falsche Ansichten hegt und harte Arbeit ablehnt, stattdessen tagaus, tagein der Muße frönt und Übung nicht für wichtig hält, wird er bis an sein Lebensende verwirrt sein. Wer glaubt, Faulheit und falsche Ansichten seien vergnüglich, führt sich nicht nur in diesem Leben, sondern Äonen lang in die Irre.

Wenn man eine Neigung zur Buddha-Rezitation verspürt, soll man sie praktizieren. Inmitten von Leiden und Befleckungen ist ein Aussprechen von Buddhas Namen wie das sprichwörtliche Juwel, das sogar das dreckigste Wasser noch reinigt. Es heißt in den Sutras: Wenn du Wasser säuberst, indem du Sand und Schmutz auf den Grund sinken lässt, so dass reines Wasser erscheint, dann ist dies der erste Schritt zur Überwindung von „Leiden durch Gäste-Schmutz“ (Schmutz, der kommt und geht). Wenn aller Sand und Dreck beseitigt sind und nur reines Wasser verbleibt, bedeutet das, sich von Unwissenheit und Täuschung loszureißen. So kann man Buddha-Rezitation still für sich selbst praktizieren, ohne Furcht vor dem kleinsten Fehler zu haben.

Wenn ihr euch wirklich von der Befleckung trennt oder – wie es die Sutras nennen – euer Geist rein und leuchtend ist, dann habt ihr die Stufe erlangt, wo sich euch keine Hindernisse in Form von „Gäste-Schmutz“ mehr in den Weg stellen; nicht nur wird Amitâbha euch zur Wiedergeburt im Reinen Land führen, auch alle Buddhas der zehn Richtungen werden euch preisen.

Der Dharma der Buddha-Rezitation dient dazu, Wiedergeburt im Reinen Land zu erlangen und so den Zyklus von Geburt und Tod zu beenden. Dies ist eine höchst entscheidende Angelegenheit. Darum werden fühlende Wesen gedrängt, Buddha-Rezitation zu praktizieren. Leider verstehen die Menschen heutzutage nur, dass Buddha-Rezitation zum Ende von Geburt und Tod führen kann, ohne zu begreifen, wo die Wurzel von Leben und Tod liegt. Wie sollte man Buddha-Rezitation üben, um den Zyklus von Geburt und Tod zu beenden? Wenn ihr nicht die Wurzel von Geburt und Tod abschneidet, wie könnt ihr dann erwarten, diesen Zyklus zu beenden?

Was ist die Wurzel von Geburt und Tod? Ein altehrwürdiger Meister sagte: „Wenn euer schlechtes Karma nicht so schwerwiegend wäre, wäret ihr nicht in der Sahâ-Welt wiedergeboren worden. Wenn die Liebes-Anhaftung nicht abgeschnitten wird, könnt ihr nicht im Reinen Land wiedergeboren werden."

Also wissen wir, dass Liebes-Anhaftung die Wurzel von Geburt und Tod ist. Alle fühlenden Wesen unterliegen dem Leiden von Geburt und Tod aufgrund dieser Last der Liebes-Anhaftung. Die Wurzel dieses Anhaftens liegt nicht allein in diesem Leben, nicht einmal in zwei, drei oder vier früheren Existenzen, sie stammt vielmehr aus anfangsloser Zeit, von Geburt auf Geburt, Tod auf Tod. Ein Leben verlassend, nur um in einem anderen wiederzukehren, werden wir immer durch Liebes-Anhaftung bewegt, bis in unsere gegenwärtige Existenz. Wenn ihr zurückdenkt, wann hattet ihr da einen einzigen Gedanken, der nicht an diese Wurzel der Liebes-Anhaftung gebunden war? Die Samen dieser Liebes-Anhaftung haben sich über lange Äonen angesammelt und sind sehr tief eingepflanzt. Darum endet dieser Zyklus nicht. Fürs erste solltet ihr euch auf die Buddha-Rezitation konzentrieren und euch nur wünschen, im Reinen Land wiedergeboren zu werden. Wenn ein Teil eures Geistes auf Buddha-Rezitation eingestimmt ist, ein anderer aber an Geburt und Tod gebunden, werdet ihr nur feststellen, dass ihr noch immer in Liebes-Anhaftung verwurzelt und im Zyklus von Geburt und Tod seid, selbst wenn ihr bis zu eurem letzten Atemzug rezitiert. Dann beschwert ihr euch vielleicht sogar, die Buddha-Rezitation brächte keine Ergebnisse, aber es wird zu spät fürs Bedauern sein.

Ich bitte diejenigen, die Buddha-Rezitation praktizieren, eindringlich, zunächst zu verstehen, dass Liebes-Anhaftung die Wurzel von Geburt und Tod ist. Buddha-Rezitation erfordert, dass ihr Liebes-Anhaftung Gedanken für Gedanken auflöst. Wenn ihr während eurer häuslichen Rezitation euren Sohn oder eure Tochter oder die Enkel seht – oder auch euren materiellen Besitz –, dann hängt ihr an all diesem. So wird jeder Gedanke zu einem Rezept für Geburt und Tod. Ihr mögt Buddhas Namen aussprechen, doch wenn die Wurzel von Liebes-Anhaftung in eurem Geist ist und ihr sie nicht einmal für einen Moment verliert, dann müsst ihr euch nicht wundern, warum ihr euch nicht auf die Rezitation allein konzentrieren könnt.

Ist der Geist voller Anhaftungen, bleibt Buddha-Rezitation oberflächlich. Ein Teil des Geistes praktiziert sie, während ein anderer zunehmend von der Liebes-Anhaftung ausgefüllt ist. Wenn Kinder und Enkel eure Gedanken bestimmen, kann der Geist, der Buddhas Namen rezitieren will, dem Geist der Liebe nicht widerstehen und darum nicht die Liebes-Anhaftung auflösen. Wie könntet ihr da den Zyklus von Geburt und Tod beenden?

Weil dieser Zustand des Anhaftens aus zahlreichen früheren Leben herrührt, beginnt einfach jetzt, um Buddha-Rezitation fruchtbar zu machen, selbst wenn ihr mit der Methode noch nicht ganz vertraut oder nicht von ganzem Herzen bei der Sache seid. Denn wenn ihr schon jetzt keine Kontrolle über euch habt, dann auch nicht in euren letzten Augenblicken.

Ich möchte euch alle inständig bitten: Wenn ihr wirklich Buddhas Namen rezitieren und Geburt und Tod ein Ende setzen wollt, schneidet die Wurzel von Geburt und Tod durch Gedanken um Gedanken ab. Dann werden Geburt und Tod Gedanken nach Gedanken enden. Es ist nicht ratsam, bis zum Lebensende damit zu warten. Ich ermahne euch, euer Bestes zu geben. Vergesst nicht, dass alles Geburt und Tod ist. Um den Zyklus von Geburt und Tod in eurer gegenwärtigen Lebensspanne zu beenden, konzentriert euch auf die Rezitation von Buddhas Namen, Gedanken für Gedanken. Wenn ihr so in jedem Augenblick praktiziert und dennoch nicht den Zyklus von Geburt und Tod beendet, hätten all die Buddhas gelogen. Ob Mönch oder Laie, behaltet also stets Geburt und Tod in euren Gedanken. Dies ist die Methode, um Geburt und Tod zu beenden, und es gibt keine erstaunlichere.

Praktiziert Buddha-Rezitation mit eurem eigenen Geist. Buddhas Namen zu rezitieren bedeutet, euren eigenen Geist zu rezitieren, Gedanke für Gedanke, ohne Unterbrechung. Buddha und Geist sind dasselbe. Sowohl Subjekt als auch Objekt sind still und leer. Dies wird das Rezitieren des eigenen Geistes genannt, das Rezitieren des eigenen Buddha. Wenn ihr einen reinen Gedanken verpasst, verfallt ihr dem Karma der Dämonen.

Viele Menschen, die der gegenwärtigen Chan-Mode folgen, halten diese für den höchsten Dharma. Sie schauen aufs Reine Land hinab und praktizieren es nicht. Weil es ihnen ums Ansehen geht, lernen sie ein paar Phrasen der alten Weisen auswendig, damit sie elegant daherreden und sich gegenseitig preisen können. Der Drang, die Dharma-Tore zu durschreiten, ist jedoch im Niedergang. Diesen Leuten fehlt es nicht nur an wahrer Praxis, sie lehnen sogar die Mahâyâna-Sutras ab, da sie bloß Worte seien und nicht studiert werden müssten. Vielleicht haben sie weltliches Wissen, doch sie begreifen nicht, dass es viele geschickte Mittel gibt, fühlende Wesen zu lehren, und sie kennen die Bedeutung dieses Satzes nicht: „Alles kehrt ins Einssein zurück, doch es gibt viele Methoden, zum Verständnis der Wahrheit zu führen." Diese Leute wissen nur, dass die Zen-Patriarchen Wert aufs Erwachen legten. Doch der ursprüngliche Zweck des erwachten Geistes ist, Geburt und Tod zu beenden. Gilt das nicht auch für die Buddha-Rezitation?

Viele Zen-Übende können dem Kreislauf von Geburt und Tod nicht entkommen, während Anhänger des Reinen Landes dies als leicht empfinden mögen. Warum ist das so? Weil man im Zen den Gedankenfluss anhalten muss, während man sich für die Rezitation von Buddhas Namen auf reine Gedanken zu konzentrieren hat. Wenn fühlende Wesen unzählige Äonen lang in falschen Gedanken feststeckten, ist es schwer für sie, sich davon loszusagen und den Gedankenfluss ganz zum Stillstand zu bringen. Buddha-Rezitation hingegen wandelt unreine in reine Gedanken und bekämpft Gift mit Gift, um die eigenen Gedanken zu läutern.[7] Darum ist es mit der Zen-Praxis schwer, Erwachen zu erlangen, mit der Buddha-Rezitation jedoch leicht. Wenn ihr wirklich in einer Lebensspanne Geburt und Tod beenden wollt, dann konzentriert euch auf die Buddha-Rezitation. Darüber hinaus braucht ihr euch keine Sorgen zu machen.

Heutzutage halten die Leute den Dharma des Reinen Landes für eine bloß zweckdienliche Lehre und erkennen nicht, wie wundervoll er ist. Nehmt den großen Bodhisattva Samantabhadra, dessen Lehre den gesamten Dharma-Bereich (den Kosmos) umfasst: Er gab zehn Große Gelöbnisse bezüglich des Reinen Landes ab. Der Patriarch Ashvagosha stützte sich auf zahlreiche Mahâyâna-Sutras, als er die „Abhandlung über das Erwachen des Glaubens" schrieb und damit fühlenden Wesen den Weg ins Reine Land aufzeigte. Zen-Patriarchen in China sind mit der „Übertragung der Lampe" beschäftigt (der Übertragung von Geist zu Geist). Auch wenn sie nicht immer aufs Reine Land verweisen – sollten sie sich nach ihrem Erwachen und dem Beenden des Kreislaufs von Geburt und Tod nicht zum Reinen Land wenden, wäre das nicht Nihilismus?

Der herausragende Zen-Meister Yung-ming sammelte Textstellen aus dem gesamten buddhistischen Kanon *(Tripitaka)*, um aufzuzeigen, dass das Verweisen auf den Geist die Rückkehr ins Reine Land bedeutet. Im Zeitalter vom Ende des Dharma verehren viele Zen-Meister das Westliche Reine Land. Ferner

7 Auch die Rezitation ist letztlich ein falscher Gedanke, den man quasi nur als vorübergehende Medizin einsetzt.

wurde der Dharma des Reinen Landes von Shâkyamuni Buddha selbst gepredigt, ohne dass man ihn darum gebeten hätte, und er wird von allen Buddhas in den zehn Richtungen besungen. Sind Buddhas, Bodhisattvas und Patriarchen nicht maßgeblicher als ein paar befleckte fühlende Wesen?

Buddha Shakyamuni sagte: „Es gibt viele geschickte Übungswege, und jeder kann zu einem Ende des Kreislaufs von Geburt und Tod führen. Buddhas Namen zu rezitieren, um Wiedergeburt zu erlangen, ist eine Abkürzung.“ Die wunderbare und vollständige Lehre des *Avatamsaka-* und *Lotus-Sutras* und das feine Verhalten des Bodhisattvas Samantabhadra verweisen alle auf das Reine Land und führen dorthin. Von den Patriarchen Ashvaghosha und Nâgârjuna bis zu den großen chinesischen Meistern Yungming und Chung-feng sind alle dem Reinen Land zugeneigt.

Dieser Dharma wurde von Menschen unterschiedlichster Fähigkeiten angenommen, ob Ordinierte oder Laien. Er kann mit gutem Ergebnis von allen Menschen praktiziert werden, ob sie einfältig oder gescheit sind. Er ist auch nicht auf diejenigen beschränkt, die nicht die tiefsten Wurzeln haben.

In den Sutras wird gelehrt, wenn man das Buddha-Land reinigen wolle, solle man zuerst den eigenen Geist läutern. Wenn ihr reines Karma haben wollt, müsst ihr also zunächst euren eigenen Geist bereinigen. Dazu gilt es zuvorderst, die reine Disziplin (die Gebote) einzuhalten. Mit den drei Übeln des Körpers, den vier Übeln der Rede und den drei Übeln des Geistes gibt es insgesamt zehn schlechte Karma, die zur Ursache von Leiden in den drei Reichen werden.

Von nun an haltet euch an die Regeln der Disziplin und läutert die Karma von Körper, Rede und Geist, dann wird euer Geist von selbst rein. Wenn ihr keine fühlenden Wesen tötet, nicht stehlt und keinen Ehebruch begeht, dann wird das Karma des Körpers rein. Wenn ihr nicht lügt, nicht mit doppelter Zunge sprecht, nicht unflätig oder frivol daherredet, dann wird das Karma der Rede rein. Und wenn ihr keine Gefühle von Neid und Zorn und keine falschen Ansichten in euren Geist lasst, dann wird das Karma des Geistes rein. Dies ist sehr wichtig für die Läuterung eures eigenen Geistes.

Die konzentrierte Verwirklichung von Buddhas Namen ist rechtes Handeln. Dennoch wird auch Visualisierung benötigt, um die Übung zu festigen. Das Meditations-Sutra des Reinen Landes besagt: „Shâkyamuni Buddha lehrte Königin Vaidehi sechzehn wunderbare Visualisierungen, damit sie innerhalb einer Lebensspanne Wiedergeburt im Reinen Land erreichen konnte."

Wenn ihr alleine oder mit Freunden übt, wählt eine der sechszehn Visualisierungen gemäß eurer Gelübde und euren Zielen. Ihr könnt euch nur Amitâbha oder die Bodhisattvas vergegenwärtigen oder das Reich des Reinen Landes mit seinem goldenem Grund und den grandiosen Lotusblüten. Wenn ihr das Objekt eurer Visualisierung vierundzwanzig Stunden am Tag klar im Geist behaltet, beim Gehen, Stehen, Sitzen und Liegen, mit offenen oder geschlossenen Augen, dann wird das reine Reich stets vor euren Augen erscheinen. Könnt ihr dies bewerkstelligen, dann braucht ihr, wenn ihr sterben müsst, nur eine Rezitation von Buddhas Namen, um unmittelbar im Reinen Land wiedergeboren zu werden.

„Im Reinen Land geboren zu sein, heißt, wirklich geboren zu sein. Ins Reine Land zurückzukehren ist keine wirkliche Rückkehr."

Dies ist die wunderbare Doktrin des Nur-Geist-Reinen-Landes. Wenn jemand sich mit rigoroser Disziplin einbringt, werden seine sechs Sinne geläutert, und er wird übles Karma und Befleckungen für immer abschneiden. Mit reinem Geistesgrund folgen Visualisierung und Rezitation aufeinander, und großartige Praxis wird leicht verwirklicht. Der wahre Grund für Wiedergeburt im Reinen Land liegt genau hierin.

Schon Shâkyamuni Buddha lehrte, wenn der Übende nur über Buddha-Rezitation und die Wiedergeburt im Reinen Land spricht, aber die nötige Disziplin nicht einhält und sein Befallensein nicht loswird – also weiterhin befleckte Gedanken hegt –, kann er es nicht schaffen. Er sollte als Grundlage die Regeln einhalten, dazu noch ein Gelübde leisten und sich als rechte Übung der Buddha-Rezitation und Visualisierung widmen. Wenn der Übende auf diese Art praktiziert und keine Wiedergeburt im Reinen Land erreicht, wäre der Buddha Shâkyamuni der Lüge schuldig.

Ich kenne eine vorzügliche Methode, die ich euch lehren will: Stellt euch einen großen Lotus vor, der wie ein Rad geformt und blau, gelb, rot oder weiß gefärbt ist. Während der Meditation und Buddha-Rezitation stellt euch stets diese Lotusblüte klar vor, und wie ihr auf diesem Lotus sitzt. Denkt an Amitâbha, wie er Licht ausstrahlt und euren eigenen Körper erleuchtet. Während ihr das visualisiert, seid nicht an Gehen, Stehen, Sitzen oder Liegen gebunden. Auch nicht an Zeit. Stellt euch einfach deutlich das Reine Land vor. Ob eure Augen offen oder geschlossen sind, das Bild sollte niemals unscharf werden. Selbst in euren Träumen solltet ihr noch Amitâbha Buddha, den Bodhisattva Avalokiteshvara (Kwan Yin) und Mahâsthâmaprâpta (Shih Chih) sowie all die anderen Bodhisattvas auf ihrer je eigenen Lotusblüte sitzen sehen, allesamt hell und strahlend.

Wenn der Übende bis zu seinen letzten Atemzügen diese Konzentration aufrecht erhält, wird er sich im Sterben auf dem Lotus sitzend auftauchen sehen; ebenso wird er die drei Weisen des Reinen Landes, Amitâbha, Avalokiteshvara und Mahâsthâmaprâpta sehen, die ihn zur Wiedergeburt im Westlichen Reinen Land führen – von wo er nie in die Sahâ-Welt zurückkehren, nie mehr dem Leiden von Geburt und Tod ausgesetzt sein wird.

Wer aufrichtig Buddhas Namen rezitiert, wird es unnötig finden, nach Erwachen zu streben oder seine Selbst-Natur zu sehen. Es gilt nur, Amitâbha Buddha zu vergegenwärtigen und seinen Namen aufzusagen. Spenden und Opfergaben an die Drei Schätze (Buddha, Dharma, Sangha) darzubringen oder Verdienst zu erwerben, indem man Buddha-Länder verziert, sind nur unterstützende Maßnahmen.

Wer sich sowohl in der Buddha-Rezitation als auch im Zen übt, sollte den Namen Amitâbha Buddhas als *hua-tou* oder *gong-an* betrachten. Während der Rezitation sollte er sich fragen: „Wer ist es, der Buddhas Namen rezitiert?" Wenn man so immer weiter fragt, werden irgendwann falsche Gedanken plötzlich abfallen. Sie können nicht mehr aufkommen, und wenn doch, werden sie schnell unterdrückt. Man wird nur einen einzigen klaren Gedanken haben, der wie die strahlende Sonne am Himmel ist, und der verwirrte Geist hat keine Herrschaft mehr. Stattdessen wird Stille und Bewusstheit erfahren. Großmeister Yung-chia sagte: „Still und wachsam zu sein ist richtig, Unachtsamkeit gegenüber dem, was um dich herum vor sich geht, ist falsch. Wachsamkeit, während man störenden Gedanken nachhängt, ist jedoch ebenfalls falsch."

Wenn Stille nicht zu einem Mangel an Gewahrsein führt und Achtsamkeit nicht zu verwirrtem Denken, dann fließen Achtsamkeit und Stille zusammen. Man lässt sowohl „Versinken" als auch „Dahinfließen" los, bis nicht mehr ein einziger Gedanke im Geist auftaucht, weder an Vergangenheit, noch an Gegenwart oder Zukunft. Plötzlich bricht die totale Dunkelheit auf und man erkennt sein Ursprüngliches Gesicht. Körper, Geist und Welt sind sogleich befriedet, als würden eingebildete Blumen vom Himmel fallen. Da überall ein starkes Licht scheint, ist alles in den zehn Richtungen erhellt. Wenn man auf dieser Stufe anlangt, ist dieses umfassende Leuchten immer im eigenen Alltagsleben präsent. Man wird keine Zweifel mehr hegen, sondern dem eigenen Geist vertrauen, der von Natur aus genau so ist. Dann unterscheidet er sich nicht mehr vom Geist der Buddhas und Patriarchen. Auf dieser Ebene wird man nicht mehr nach der Leere greifen, das würfe einen nur auf üble und heterodoxe Ansichten zurück. Auch nach Existenz oder Wundern greift man nicht mehr, denn auch dies wäre verhängnisvoll.

Wenn ihr während eurer Übung auf ein Reich stoßt, ob heilsam oder bösartig, das in eurem Geist auftaucht, dann sollt ihr es nicht ergreifen, sondern einfach sein lassen. So wird dieses Reich von selbst verschwinden. Ihr solltet weder üble Reiche fürchten noch euch an glückverheißenden erfreuen, denn ihr Erscheinen ist das Werk von Dämonen. Wenn Sorge oder Freude auftauchen, sind das Ansichten von Dämonen. Ihr solltet verstehen, dass diese Reiche aus eurem eigenen Geist erstehen und nicht von außen kommen. Unser Geist ist ursprünglich rein, ohne ein einziges *dharma* (Phänomen), weder verwirrt noch erwacht. Wir gehören weder zu dieser Welt noch zum Reich des Heiligen oder irgendeinem anderen. Weil wir gegenwärtig verwirrt sind, müssen wir üben, um unsere Unwissenheit und unsere schlechten Angewohnheiten zu mindern.

Wenn einer nur seinen eigenen Geist öffnen könnte – der ursprünglich leuchtend und allumfassend, rein und klar ist –, dann wäre dies herrliche Soheit, und es gäbe keinen Bedarf mehr für Übung.

Man kennt viele verschiedene Übungsmethoden fürs Reine Land. Für eine Gruppe von Menschen, die in einem Tempel gemeinsam praktiziert, ist die Prozedur in den Kommentaren des Reinen Landes beschrieben. Ein Einzelner übt so, dass er sich vor den Buddhas verbeugt und entweder das *Amitâbha-* oder das *Diamant-Sutra* rezitiert. Dann rezitiert er fünf- bis zehntausend Mal Amitâbha Buddhas Namen und gelobt schließlich, im Reinen Land wiedergeboren zu werden:

„Ich wünsche im Westlichen Reinen Land wiedergeboren zu werden, mit den neun Stufen der Lotusblüten als meine Eltern. Wenn die Lotus in voller Blüte stehen, werde ich – begleitet von unverrückbaren Bodhisattvas – den Buddha Amitâbha sehen und von der Absoluten Wahrheit erleuchtet sein."

Dies wird am Morgen und am Abend vollzogen. Doch auch während des ganzen Tages rezitiert der Übende Buddhas Namen und behält Amitâbha im Sinn, Gedanke für Gedanke ohne Unterlass, als wäre der Name Amitâbha sein eigenes Leben. Wenn ihm Unbill widerfährt oder auch Glück und er zu Gefühlen von Zorn oder Freude bewegt wird, muss er sich nur auf die Buddha-Rezitation besinnen, und schon schwinden Ärger und Befleckung.

Wer Befleckung während der Buddha-Rezitation überwindet, der kann es auch in seinen Träumen tun, bei Krankheit und in seinen letzten Momenten.

„Zeit ist der eine Flügel einer Mücke, Raum ist der andere.
Das Universum ist das Haar eines Pferdes.“

(Hanshan)

Quellen/Literaturhinweise

Hanshan Deqing: *Hanshan laoren zhixu nianpu shilu* 憨山老人自敘年譜實錄 (1622) [Hanshans selbst diktierte Autobiografie)

Hanshan Deqing: *Hanshan dashi mengyou ji* 憨山大師夢遊集 [Hanshans Sammlung von „Traumwandeleien"]

Zhuanyu Guanheng: *Zizhulin Zhuanyu[Guan]heng heshang yulu* 紫竹林颛愚衡和尚语录 [Die Biografie Hanshans von Guanheng]

Dewei Zhang: *Challenging the Reigning Emperor for Success: Hanshan Deqing* 憨山德清 *(1546–1623) and Late Ming Court Politics.* (Journal of the American Oriental Society 134.2, 2014)

Richard Cheung/Ming Zhen Shakya: *The Autobiography and Maxims of Chan-Master Han Shan.* (Honolulu 1993)

Charles Egan: *Clouds Thick, Whereabouts Unknown. Poems by Zen Monks of China.* (Columbia University Press 2010)

James M. Cryer: "Mountain Living: 20 Poems", in: Jerome P. Seaton, Dennis Maloney (ed.): *A Drifting Boat. An Anthology of Chinese Zen Poetry.* (White Pine Press 1994)

Lu K'uan Yü (Charles Luk): "A Straight Talk on the Heart Sutra", in: *Ch'an and Zen Teaching.* (London 1960)

Lok To: *Pure Land of the Patriarchs: Excerpts from Han Shans Dream Roamings.*

Teilübersetzungen finden sich u. a. von Hakuun Barnhard, Sheng Yen und Guo-gu Shi.

Weitere Titel aus dem Angkor Verlag (www.angkor-verlag.de)

Taigu Ryôkan: *Ich spiele auf dem Buddha-Weg.*
Paperback. 116 Seiten. 9,99 €. (E-Book 7,99 €)

Huang-po: *Geist ist Buddha.*
Paperback. 9,99 €. (E-Book 8,99 €)

Linji: *Linji Yulu [Rinzai-roku].*
Paperback. 9,99 €. (E-Book 8,99 €)

Meister des Zen [Sammelband].
Paperback. 19,99 €. (E-Book 11,99 €)

Enthält die früheren Einzelbände von Menzan Zuihô, Zibo Zhenke, Musô Soseki, Jôshû Jûshin und zusätzliche Texte.

Gutes tun. Zen-Lehren von Baotang Wuzhu, Nanyang Huizhong, Guifeng Zongmi, Yongming Yanshou.
Paperback. 15 €.

Yunqi Zhuhong: *Die Zen-Peitsche.*
Gebunden, Fadenheftung. 50 €.

Bei Amazon Kindle erscheint die E-Book-Reihe „Zen-Gedichte" für je 2,99 €:

Ozaki Hôsai: *Ich hüte das Buddha-Baby.*

Taneda Santôka: *Auch ich bin allein.*

Natsume Sôseki. *Haiku.*

Dôgen Zenji: *Sanshôdôei.*

Ko Un: *Zen-Gedichte, was'n das?*